슬기로운 과학자의 여정

실험실에서 자라난 청춘들의 이야기

슬기로운 과학자의 여정
실험실에서 자라난 청춘들의 이야기

초판 1쇄 인쇄 · 2025. 10. 10.
초판 1쇄 발행 · 2025. 10. 20.

지은이   김영웅
발행인   이상용·이성훈
발행처   청아출판사
출판등록 1979. 11. 13. 제9-84호
주소   경기도 파주시 회동길 363-15
대표전화 031-955-6031 팩스 031-955-6036
전자우편 chungabook@naver.com

ⓒ 김영웅, 2025
ISBN 978-89-368-1256-0 03800

* 값은 뒤표지에 있습니다.
* 잘못된 책은 구입한 서점에서 바꾸어 드립니다.
* 본 도서에 대한 문의사항은 이메일을 통해 주십시오.

* 이 책은 BRIC(생물학연구정보센터)에 연재된 원고들을 BRIC의 동의를 받아 재편집하여 사용하였습니다.

슬기로운
과학자의 여정

김영웅 지음

실험실에서 자란
청춘들의 이야기

청아출판사

추천사

✦ 누군가의 삶을 가까이서 들여다본다는 것은 그 사람의 땀과 눈물, 희망과 좌절을 함께 체험하는 일이다. 이 책은 바로 그런 경험을 독자에게 선사한다. 이 책은 단순한 개인 회고록이 아니라 한 세대를 관통하는 과학자들의 성장기를 기록한 생생한 연대기다. 그것은 드라마보다 더 드라마틱하고 다큐멘터리보다 더 리얼하다. 실험이 실패해 허탈해하던 순간, 작은 데이터 한 줄에 가슴 벅차 눈물을 글썽이던 기억, 불안정한 현실 탓에 가족에게 미안했던 날들. 독자는 그 모든 장면 속에서 과학자는 결코 추상적인 '지식 노동자'가 아니라 불안과 열정을 동시에 안고 살아가는 평범한 인간임을 발견하게 된다. 그들의 웃음과 눈물은 곧 우리의 것이기도 하다. 과학자에 대한 현실적인 대우와 사회적 인식이 과거에 비해 크게 떨어졌음에도 과학자의 길을 선택한 이들이 보여 주는 뜨거운 열정과 꺼지지 않는 호기심이야말로 진정한 자산임을 일깨운다. 그 길을 걷는 사람들의 눈빛은 누구보다도 빛난다. 과학은 인류의 지적 모험이며, 그 모험의 선두에 선 사람들이 바로 과학자

들이다. 아무도 알아주지 않아도, 논문 한 편이 세상을 바꾸리라는 믿음 하나로 묵묵히 실험실을 지켜온 이들의 이야기는 한 편의 서사시와 같다. 그 길은 고단했지만 동시에 찬란했다. 독자는 이 책을 읽으며 깨닫게 될 것이다. 과학자의 길은 쉽지 않지만, 그 길에서 얻는 배움은 세상의 어떤 보상과도 바꿀 수 없는 값진 경험이라는 것을 말이다. 그리고 과학자를 꿈꾸는 청년들에게 이 책은 분명히 말한다. "너희의 선택은 틀리지 않았다. 지금은 힘들고 외로울지라도 그 길 끝에는 세상을 새롭게 바라보는 눈과 삶을 더 깊이 사랑하게 되는 마음이 기다리고 있다." 이 책은 과학자의 솔직한 고백이자 후배 세대에게 건네는 따뜻한 격려의 편지다. 연구실의 불빛 아래에서, 또 낯선 해외 도시의 학회장에서, 함께 울고 웃으며 과학의 길을 걸어온 이들이 남긴 기록은 지금 한국 사회가 반드시 귀 기울여야 할 목소리다. 무엇보다 과학자의 길을 걷고자 하는 이들에게, 그 길은 분명히 가치가 있다는 확신을 심어 주는 책이다. 과학자의 삶을 조금이라도 이해하고 싶은 독자라면, 그리고 과학과 함께 미래를 열어 가고자 하는 젊은이라면 이 책을 꼭 읽어 보기를 권한다. 이 책은 단순한 회상이 아니라 과학이 왜 인간에게 여전히 희망의 언어인지를 보여 주는 증거다.

- 이정모, 전 국립과천과학관장, 《생물이 왕국》《찬란한 멸종》 저자

✦ '과학자의 삶'이라는 말에서 우리는 흔히 흰 가운과 차가운 실험 기구, 그리고 세상과는 동떨어진 고독한 탐구자의 모습을 떠올린다. 그러나 여기, 그 고정관념을 깨뜨리는 뜨거운 이야기가 있다. 이 책은 성공도, 명예도 보장되지 않는 기초과학의 길을 택한 젊은이들의 인생 여정을 생생하게 복원해 낸 진솔한 회고록이자, 그들의 치열했던 시절을 흥미로운 서사로 빚어낸 매혹적인 에세이다. 서툰 인간이자 초보 연구자였던 인물들이 각자의 삶에 기다리고 있는 지적, 내면적, 물리적 장애물들과 맞서 싸우며 인생의 다음 단계로 나아가는 모습을 보고 있노라면, 우리는 이것이 단지 특정한 전공이나 개인의 기억을 넘어 한 시대 청춘의 초상을 그려낸 거대한 추상화임을 알게 된다. 이 책이 회고록인지 에세이인지, 팩션인지 소설인지 고민할 필요는 없다. 어떤 이야기는 꼭 하나의 장르에 갇혀 있을 필요가 없고, 바로 그 이유로 우리에게 더 큰 감동을 주기 마련이니까.

― 문지혁, 소설가, 《소설 쓰고 앉아 있네》《고잉 홈》 저자

✦ 드라마 〈슬기로운 의사생활〉을 재미있게 보면서, 마음 한구석으로 왜 〈슬기로운 과학자 생활〉 같은 드라마는 등장하지 않을

까 생각해 본 적이 있다. 나는 호기롭게 생명과학자를 꿈꾸면서 대학에 들어갔다가 결국 중도 이탈했지만, 지금 이 순간에도 우리나라 곳곳에서 수많은 과학자가 자신만의 드라마 같은 이야기를 만들어 가고 있기 때문이다. 공교롭게도, 김영웅 박사가 과학자를 주인공으로 내세운 현실과 허구가 뒤섞인 글을 쓴다고 했을 때 반가웠던 이유다. 이 책을 읽고 나니, 1996년 3월 4일에 이야기 속 김영웅 박사처럼 서울의 한 대학교에서 첫 수업을 듣기 위해 숨을 헐떡이며 교정을 오르던 내가 떠올랐다. 1990년대 중후반에 대학을 다닌 1970년대생이라면 앞부분을 읽는 내내 저마다의 추억을 떠올리며 잠시 뭉클한 마음이 들 테다. 하지만 이 책의 진짜 백미는 나는 경험해 보지 못한 대학원 생활 이야기다. 성공보다는 좌절이 많았던, 그럼에도 결국 자기만의 길을 찾아가는 주인공의 회고담을 읽으면서, 내가 취재원으로 만났던 수많은 과학자를 좀 더 깊이 이해하게 되었다. 욕심을 부리자면, 이 책을 바탕으로 정말 〈슬기로운 과학자 생활〉 같은 멋진 드라마가 나오면 좋겠다. 이 글은 주인공 김영웅 박사가 박사 학위를 받고 대학원을 졸업하는 데에서 끝나지만, 그 드라마는 김영웅 박사와 그 동료들이 과학자로서 활약하는 모습까지 조명하면 더욱더 좋겠다.

- 강양구, 과학 전문 기자, 《맘가진 세계에서 우리는》《과학의 품격》 저자

✦ 친구처럼 친근하면서도 신화처럼 신비로운 과학 영웅들의 이야기. 재밌다! 드라마 〈슬기로운 의사생활〉의 유쾌함과 〈빅뱅 이론〉의 엉뚱한 천재들을 합쳐 놓은 듯한 느낌의 매력적인 진짜 리얼 영웅 전기다. 이성에게 잘 보이고 싶어 하면서도 야식을 끊지 못하고, 함께 노래방에 가서 놀았지만 혼자 얄밉게 A 학점을 받는, 바로 우리 주변에 있을 법한 인물들이 등장한다. 학점을 망치고 함께 재수강하며 쌓이는 끈끈한 전우애는 풋풋하다. 마치 마블 영화 속 영웅의 탄생기를 보듯, '과학 천재 영웅'의 능력이 서서히 드러나는 성장 서사는 짜릿한 재미를 준다. 친구의 눈부신 재능 옆에서 처절한 열등감과 좌절감을 느끼다가 결국 휴학과 군 입대를 선택하는 필자의 모습에서는 보편적인 동질감을 느끼게 된다. 하지만 학점 좌절과 군대 고난을 이겨 내고 돌아온 주인공이 우수상을 받으며 '복학생의 신화'를 써 내려가는 장면은 영화 〈왕의 귀환〉 못지않은 통쾌한 카타르시스를 느끼게 한다. 이 책은 과학자의 길에 놓인 양지뿐만 아니라, 그늘진 곳의 아픔까지도 숨김없이 담아낸다. 완벽한 계획으로 날아올랐던 기대감에 이어 찾아오는, 한순간에 모든 것을 앗아 가는 실패의 좌절감 사이를 오가며 독자는 이야기 속으로 깊이 빠져들게 된다. 마블 영화의 화려한 SF(Scientific Fiction) 초능력 전투 장면처럼, 대학원 연구실에서 벌어지는 치열

한 'Scientific Documentary' 초능력 전투는 손에 땀을 쥐게 하는 스릴을 선사한다. 명랑하고 유쾌하게 시작된 이야기는 어느새 주인공들을 전문적이고 치열한 세계적 경쟁의 한복판으로 이끈다. 독자 역시 숨 가쁜 액션 스릴러 영화를 보듯 숨죽이며 그들과 함께 달리게 된다. 때로는 한 사람의 인생을 송두리째 뒤흔드는 연구 현장의 끔찍한 비극까지 날것 그대로 펼쳐져 현실의 무게를 느끼게 한다. 완벽한 패배, 그리고 세계적 대가와의 운명적인 만남, 그리고 평생의 인연으로 이어지는 기적 같은 순간들. 이 모든 희로애락을 함께하며 달려온 독자는 마침내 터져 나오는 저자의 "이십 대 청춘을 바쳐 박사 학위를 받아 낸 모든 이에게 뜨거운 박수를 보낸다!"라는 외침과 함께 뜨거운 카타르시스를 경험한다. 마치 함께 그 길을 걸어온 듯 "해냈다!"라고 외치게 되는 벅찬 감동을 준다. 과학의 길을 시작하려는 모든 이에게 이 책을 추천한다. 챔피언들의 피땀으로 가득한 그 생생한 세계 속으로 단숨에 빠져들게 될 것이다.

- '슬기로운 의사 생활'을 버리고 '슬기로운 학자 생활'을 선택한 최형진,
서울대학교 뇌인지과학과/해부학교실 교수, 《먹는 욕망》 저자

✦ 이 책을 읽는 내내, 마치 저자와 함께 같은 대학을 다니고, 같은 연구실에서 박사과정을 거치며 희로애락을 함께한 듯한 몰입감을 느꼈다. 연구라는 긴 여정 속에서 맞닥뜨리는 좌절과 기쁨, 그리고 그 속에 깃든 초심의 열정이 생생하게 되살아났다. 특히 20여 년 전 이공계 대학/대학원 생활을 경험한 독자라면, 이 책은 〈응답하라 1996〉을 떠올리게 하는 기시감을 불러일으킬 것이다. 그 시절의 고민과 낭만이 고스란히 담겨 있어, 잊고 지냈던 청춘의 기억이 되살아난다. 또한 이제 막 과학자의 길에 들어선 대학생과 대학원생들에게는, 선배 과학자들이 겪은 진솔한 이야기를 통해 앞으로 자신이 마주할 도전과 성장의 순간들을 미리 엿볼 수 있는 소중한 기회가 될 것이다. 과거에도, 지금도, 그리고 앞으로도 이어질 '과학을 하는 사람들의 삶'이 담백하면서도 생생하게 기록되어 있기 때문이다. 이 책은 과학자의 삶을 고민하는 모든 이에게 공감과 위로, 그리고 다시 나아갈 용기를 선사하는 특별한 기록이다.

- 박용근, 카이스트 물리학과 교수, 토모큐브 대표, 《논문 쓸 때 알았더라면 좋았을 것들》 저자

✦ 이 책은 이공계 대학원생들의 삶을 생생하게 전하고 있다. 무엇보다 과학자의 삶을 배우고 훈련하는 순수한 청년들의 고민

과 갈등을 진솔하게 '증언'한다. 저자와 주인공 '민수'는 실제로 생물학을 전공하고 대학원 생활을 거쳤으며, 현재도 생물학 연구 현장에서 활동 중인 연구자들이기에, 이 글은 실제 그들의 삶을 바탕으로 한 자전적 에세이다. 학문에 대한 순수한 열정과 집념은 등장인물들을 생동하게 만든다. 실제로 그들이 경험했고 실제로 아파했던 기억이기에 우리는 더 깊이 공감하고 감동할 수 있다. 이 책은 순수한 질문을 던진다. 학문이란 무엇인가? 인생이란 무엇인가? 학자란 어떤 사람인가? 꿈이란 어떤 의미인가? 어쩌면 과학자로서 성공적인 삶을 산다는 것은 수많은 절망과 실패를 딛고 일어서는 '움틈'의 연속이 아닐까! 모든 기초과학자가 축제와 같은 삶을 살아가길 바라며 그들의 여정을 진심으로 응원한다. 진짜 학자로서의 삶을 알고 싶은 청년들에게 이 책을 권하고 싶다.

- 원병묵, 성균관대학교 신소재공학부 학부장, 《원병묵 교수의 과학 논문 쓰는 법》 저자

✦ 포스텍에서의 추억을 떠올리면 좋은 기억도, 신기한 기억도 참 많다. 공부 외엔 술 마시는 것밖에 할 게 없고, 같이 놀 사람도 전부 기숙사에 같이 살던 시절. 주 중이면 수많은 과제를 끝내고 밤 12시에 동나무집에 모여 술 마시는 게 일상이었다. 동나무집

은 새벽 2시쯤 영업을 마쳤고, 금요일 밤이면 그마저도 아쉬워 학교 근처 효자시장까지 나가 밤새워 놀았다. 효자시장으로 가는 길에는 가끔 취한 이들이 드러누워 있기도 했는데, 그마저 익숙했던 그런 분위기였다. 물론 그렇게 술 마시고 놀더라도 다음 날 수업은 절대 빠지지 않았고 공부도 진짜 열심히 했다. 실험 수업 조교는 대학원생이 맡았는데, 대학원생은 더 열심히 했다. 연구자로 성장하는 게 결코 쉬운 일은 아니었지만, 그렇게 훈련의 시간을 거치며 기본기는 자연스레 다져졌고, 그렇게 조금씩 생물학자로서 성장해 갈 수 있었다. 이 책은 바로 그런 포스텍에서 성장한 생물학자들의 이야기를 담고 있다. 공부는 당연히 하는 거였고, 틈나면 열심히 놀기도 했으며, 지도교수와 함께 논의하고 배우면서 전문가로 길러졌던 시기의 이야기다. 과학자의 길이 쉽진 않지만, 그래도 사람 사는 이야기는 어디든 비슷한 것 같다. 힘든 일은 늘 있지만, 함께할 수 있는 친구들이 있기에 즐거운 일도 가득하다. 버티고 지내다 보면 그것도 익숙해지고 운이 좋으면 밝은 날도 올 테니까. 모쪼록 이 슬기로운 여정에 함께하시길 기대한다.

- 김준, 충남대학교 생명정보융합학과 교수, 《쓸모없는 것들이 우리를 구할 거야》 저자

✦ 나의 대학원 시절, 연구실 냉동고 안에는 당장의 쓰임은 알 수 없어도 버릴 수 없었던 선배들의 '유물'이 있었다. 샘플 박스에 가득 담긴 시료들과 그 뚜껑 위에 희미하게 남아 있는 꾹꾹 눌러쓴 글씨들은 선배들의 치열했던 고민과 인내의 흔적이었을 것이다. 이 책을 읽는 경험은 마치 오랫동안 잊고 있던, 얼음으로 뒤덮인 선배들의 샘플 상자를 다시 열어 보는 듯했다. 활자 속에 녹아든 영웅과 민수의 이야기를 통해 시대를 뛰어넘는 대학원생의 고뇌에 공감했고, 대학원 시절의 내 모습으로 돌아가 가슴 벅찬 위로와 감동을 느꼈다. 이 책은 대학원 시절을 거쳐 간 많은 이에게 아련한 추억을 선사할 것이다. 무엇보다 이제 막 대학원 생활을 시작했거나 그 길 위에서 분투하고 있을 많은 후배에게 영웅과 민수의 이야기가 따뜻한 길잡이가 되어 주기를, 그리고 긴 여정 속에서 지치지 않도록 작은 위로와 용기를 건네 주기를 진심으로 바란다.

- 김지훈, 한국과학기술연구원 선임연구원

프롤로그

〈슬기로운 의사생활〉의 패러디라고 볼 수도 있겠지만, 그것이 담아내지 못한, 아니 어쩌면 담을 수 없었던 이야기들이 있다고 생각했다. 그건 의사라는 직업이, 특히 한국 사회에서 가지는 독특한 위상 때문이지 않을까 싶다. 의사는 베이비붐 세대 이전부터 Z세대에 이르기까지 실질적인 부와 명예의 상징으로 자리 잡은 직업이며, 시대를 초월하여 누구에게나 특권층으로 여겨질 만큼 오랫동안 많은 이에게 선망의 대상이 되어 왔다. 드라마 〈슬기로운 의사생활〉은 감동과 공감을 불러일으키며 성황리에 막을 내렸지만, 그 성공 비결 중 하나로 주인공들의 직업이 의사였다는 점을 간과할 수는 없다고 본다. 의사를 선망하면서도 의사가 되지 못한 우리는 의사의 삶이 궁금했던 것이다. 그들은 우리와 다를 거라 생각했지만, 그들도 우리와 똑같은 문제로 고민하고, 가정불화로 가슴 졸이며, 인간관계 때문에 속상해한다. 결국 그들도 우리와 똑같은 인간이라는 사실을 드라마를 통해 확인하면서 잠시

나마 그들과 연대감을 느낄 수 있었던 것이다.

한편, 과학자라는 직업은 아이들의 '장래 희망란'에서 자취를 감춘 지 오래다. 그도 그럴 것이, 과학자들, 특히 그중에서도 기초과학자에 대한 사회적 대우와 인식이 과거에 비해 현저히 낮아졌다. 적나라하게 말하자면, 평균 연봉만 따져 봐도 의사와는 적게는 두 배, 많게는 열 배 이상 차이가 난다. 의사보다 훨씬 더 많은 시간을 들여 공부하고 끊임없이 연구하며 사회생활을 시작했는데도 말이다. 설상가상으로 과학자는 연봉을 받을 수 있는 자리에 오르기까지 훈련을 받는 기간도 의사보다 훨씬 길며, 훈련이 끝나는 시기도 정해져 있지 않아 평생 불안정한 상태에서 직업 생활을 해야 하는 상황도 심심찮게 벌어진다. 많은 과학자가 다른 이름으로 불릴 뿐, 사실상 평생 훈련생의 신분으로 살아가고 있는 셈이다. 의사의 경우, 의대만 나와도 개업할 수 있는 자격이 주어지고, 레지던트 과정을 마치면 전문의로서 더 큰 대우를 받을 수 있다는 사실은 과학자들의 상황과 극명하게 대비된다고 할 수 있다.

과학자들은 힘겹게 박사 학위를 취득한 후에도(생물학의 경우 보통 6년 정도 소요된다), 박사후연구원이라는 고되고 불안정한 과정을 수년간 견뎌 내야 비로소 하나의 실험실을 책임지는 자리에 갈 수 있는 기회가 주어진다. 놀라운 사실은, 그렇게 힘들고 오랜 기간을 거쳐 실험실 보스가 된다 해도 연구비 확보와 학생 및 연구원 고용 문제에 부딪혀 정작 자신이 하고자 했던 연구를 수행하기가 극히 어렵다는 것이다. 박사과정을 시작한 지 10년에서 20년이 지나 겨우 조교수가 되었는데, 그마저도 불안정해서 본인은 물론, 어느새 생겨난 부양가족에게 죄책감을 느낄 정도로 고생길을 걷게 되는 경우가 왕왕 벌어지고 있다는 게 오늘날 과학자들이 마주한 서글픈 현실이다.

이 책은 20세기 말 대학에 들어가 21세기 초에 대학원 생활을 하며 간신히 박사 학위를 취득한, 지금도 여전히 과학계에서 손을 떼지 못한 채 과학자라는 직업으로 살아가고 있는, 나와 동고동락하며 꽃다운 이십 대를 함께 보낸 동료들의 이야기다. 모두 의사가 될 수 있었으나 의사의 길을 포기하고 기초과학에 몸을 던졌고, 아무도 알아주지 않더라도 묵묵히 한국 기초과학의 맥을 이어 가고 있는 생물학자들의 이야기다. 이들은 현재 모두 가정을 이루었고, 한 아이에서 세 아이의 엄마 아빠가 되어 있다. 이야기의 대부분은 실제로 있었던 사건을 바탕으로 하지만, 일부는 개연성 있는 허구를 덧붙여 각색했다. 나를 제외한 등장인물의 이름은 모두 가명이며, 두세 인물의 캐릭터를 한 인물 속으로 압축시킨 경우도 있고, 현실에는 존재하지 않았던 한두 인물이 등장하기도 한다. 기본적인 배경은 포항공대이지만, 그 위치와 시설 등 세부 사항은 허구를 동반한다.

자, 이제 우리의 철없던 대학원생 시절의 이야기, 돌이켜 보면 별것 아닌 일들에 가슴 아파하고 상처를 받았던 시절의 이야기, 그 와중에 밤새워 실험에 매진했던 열정과 낭만이 가득했던 시절의 이야기를 시작해 볼까 한다.

목차

추천사 · 4
프롤로그 · 14

1부.
학부 시절

19동 205호 그리고 민수 · 23
숙제 그리고 시험 · 34
통나무집 · 47
휴학, 입대, 제대 그리고 복학 · 58
연구참여 · 78

2부.
대학원 1, 2년 차 시절

다시 19동 · 99
클로닝과 녹아웃 마우스 · 107
실험 그리고 또 실험 · 122
한밤의 실험실 · 135
연애와 사랑 그리고 결혼 · 146

3부.
대학원 3, 4년 차 시절

대학원 아파트 · 157
논문 · 166
운명 · 176
평해 · 189
2006년 · 198

4부.
대학원 5, 6년 차 시절

라면을 끓이며 · 209
캐나다 · 219
위로 · 229
싱가포르 · 238
챔피언 · 249

에필로그 · 256
작품 속 등장인물들의 한마디 · 262

1부

학부 시절

19동 205호 그리고 민수

이 모든 이야기를 시작하기에 앞서, 아무래도 가장 먼저 우리의 아지트였던 기숙사 19동 205호로 돌아가야 할 것 같다. 민수와의 첫 만남은 대학원 시절이 아닌 학부 때로, 그러니까 21세기가 아닌 20세기 말로 거슬러 올라가야 하기 때문이다.

때는 1996년. 인터넷을 하기 위해 전화선을 이용하던 시절, 여자 친구에게 치기 어린 사랑을 고백하기 위해 스마트폰이 아닌 삐삐를 이용하던 시절, 삐삐에 'IMISSYOU(117755400)'가 찍히면 부리나케 동전을 움켜쥐고 공중전화 부스로 달려가던 시절, 몇 초 인 되는 삐

삐 시그널 음악을 녹음하기 위해 카세트테이프나 시디 혹은 라디오를 틀어 놓고 기다리던 시절이었다. 하필 그 순간 스쿠터가 붕 하고 지나가거나 친구가 방문을 벌컥 열어젖히기라도 하면, 붉으락푸르락한 얼굴이 되어 욕지거리를 해대며 분노 게이지가 치솟던 시절이기도 했다. 숨소리조차 내지 않고, 마치 도둑이라도 된 듯 조심스럽게 음악을 녹음하던 그 낭만이 넘치던 시절. 그때 우리는 손 글씨로 연애편지를 써서 여자 친구의 마음을 사로잡으려 애썼고, 답장을 받으면 편지지에서 나는 향기부터 맡고 주체할 수 없는 마음, 두근대는 심장으로 글을 읽었다. 편지지가 여러 장인 듯 두툼한 편지봉투를 손에 든 친구는 내용과 상관없이 우쭐해하곤 했다. 편지지 사이에 꽃잎이라도 한 장 들어 있으면, 그리고 그 꽃잎 때문에 물든 편지지의 핑크빛 귀퉁이가 보이면, 그것이 마치 자신을 향한 키스 자국이라도 되는 듯, 그것이 마치 순결한 사랑의 증표라도 되는 듯한 기분 좋은 착각 속에 빠지기도 했다. 편지를 읽고 또 읽고, 며칠 내내 이런저런 해석에 해석을 더하다가, 결국 에라 모르겠다 하며 일을 그르치는 일도 왕왕 발생했다. 금세 만났다 금세 헤어져서는 그것이 마치 일생에 단한 번뿐인 사랑인 양 울고불고 술잔을 기울이며 신세 한탄을 하기도 했다.

당시 나는 팝과 재즈, 클래식 음악을 두루 섭렵하고 있었고, 카세트테이프와 시디도 수십 장 가지고 있었던 데다, 입학하기 전 과외로 번 용돈과 대학에 입학했다고 친척들이 쥐여 준 돈을 모두 털어 구입한 소니 미니 전축도 가지고 있었다. 그런 장비를 갖추고 있었던 것은 학과 동기들 중에선 내가 유일했기에, 내가 1년간 머문 기숙사 방 19동 205호는 동기들 사이에서 유명해질 수밖에 없었다. 또한 나는 친구들의 연애편지를 대필해 주기도 하고, 여자 친구들에게 받은 답장을 정확무오하고 깊고 풍성하게 해석해 주기도 하는 등 나름 글 좀 쓴다는 축에, 그리고 연애 박사 계열에 속했다. 한마디로 나는 잡기에 능했던 것이다. 그런데 재미있게도, 동시에 아이러니하게도, 정작 나는 그 당시 연애란 것을 해 본 적이 없었다. 그들에게 해 준 조언은 모두 책에서 배운 조잡한 것들이었다. 마치 그때 우리의 들뜬 마음을 대변이라도 하듯, 허공에 떠 있는 그 구름 같은 지식들이 무한한 매력을 발산하던 그 시절을,

'낭만'이라는 단어를 사용하지 않는다면 과연 무어라 표현할 수 있을까!

비록 공대에 입학했지만, 나는 음악과 문학을 좋아하던 소년이었다. 빈 시간에는 음악을 듣고, 밤에는 시와 소설을 탐닉했다. 그러나 안타깝게도 단순히 문학을 좋아한다고 해서 국어국문학과에 진학할 수는 없었고, 음악을 좋아한다고 해서 음악학과에 갈 수도 없었다. 나는 무엇보다 생계를 염두에 두어야 했다. 나에게는 남들과는 다른 대학 지원 요건 한 가지가 더 있었다. 바로 장학금이었다. 나는 장학금을 받아야만 했다. 그리고 나는 같은 이유로 이미 고 1 때 문과가 아닌 이과를 선택한 몸이었다. 문과 계열의 학과는 이미 물 건너간 선택지였고, 돈이 더 많이 드는 예체능계는 아예 거들떠보지도 못하던 영역이었다. 그 당시 통념으로는 문과가 이과보다 돈 벌기가 더 어렵다는 인식이 있었다. 그래서 그랬던 걸까. 고 3 말, 수능과 본고사를 마치고 대학 합격 통지서를 받아 쥐었을 때, 그간 입시 준비 때문에 하지 못했던 독서와 음악 감상에 빠져들었던 건 나에게는 2+2=4처럼 당연한 수순이었다. 종합 대학도 아닌, 포항이라는 시골에 동떨어져 있는 공과대학으로 진학했던 가장 큰 이유는 전교생이 장학금을 받는다는 사실 때문이었다.

내가 다녔던 P 공대는 10개 학과에, 전교생이 한 학년당 300명 남짓한 소수 정예 연구 중심 대학이었고, 내가 속한 생명과학과는 한 학년에 25명밖에 되지 않았다. 문과적 감성을 억누른 채 공과대학에 진학했던 내가 학업에 온전히 마음을 붙이지 못했던 건 어찌 보면 지극히 예측 가능한 일이었다. 대학을 마치고 박사특례를 하게 될 민수와는 달리, 3학년 1학기를 마치고 뒤늦게 휴학한 뒤 입대를 결정한 것도 다 이런 연유에서였다. 덧붙여, 1학년도 아니고 3학년 1학기를 마치고서야 입대를 결정했던 건, 지금 돌이켜 보니 나의 우유부단함을 말해 주는 듯하다.

지금도 또렷이 기억난다. 얼굴이 뽀얗고, 덩치는 나와 비슷했지만 어딘가 미련한 곰탱이 같은 인상을 주던 한 녀석이 19동 205호로 들어와 내게 악수를 청했다. 1996년 3월 4일 월요일 오후. 햇살이 창을 통해 비스듬히 들어와 기숙사 한편에 놓인 2층 침대와 그 옆에 붙어 있던 캐비닛 아래를 비추고 있던 날이었다. 녀석은 서울 놈인 듯했다. 느릿느릿한 말투였고 얼굴은 웃고 있었지만 눈은 웃고 있지 않았다. 예사롭지 않은 눈을 가진 곰이라니. 뭔가 심상치 않다는 생각이 들었다. 동시에, 왠지 모르겠지만 이 녀석과 친해질 것 같다는 강한 예감이 들었다. 그로부터 6년 후 나의 실험실 사수가 되고, 27년 후 나의 직장 상사가 되어 있을 민수와의 첫 만남이었다.

이름은 민수라고 했다. 친하게 지내자고 했다. 이미 친하게 지내려고 맘먹은 나였기에 웃으면서 그러자고 했다. 그리고 우린 금세 친구가 되었다. 사실, 갓 고등학교를 졸업한 남자아이들이 친해지는 데엔 그리 많은 게 필요하지 않다. 간단히 말하자면 취미가 같으면 되고, 좀 더 자세히 말하자면 함께 좋아하는 무언가가 있고, 함께 좋아하지 않는 무언가가 있으면 된다. 우린 담배를 피우지 않았고 둘 다 알레르기 비염으로 고생하고 있었다. 무엇보다 우린 음악을 사랑했다. 그는 재즈에 있어서는 나보다 한 수 위였다.

입학 후 한 달쯤 지났을 무렵, 방으로 큼직한 택배 하나가 배달되었는데, 박스 위에는 '구민수'라고 적혀 있었다. 수업을 마치고 온 민수는 "드디어 올 게 왔군." 하면서 연필 깎는 칼로 조심스럽게 포장을 뜯었다. 뭐냐고 물으려는 찰나, 내 것보다 크고 비싼 미니 전축이 내 시선을 강탈했다. 카탈로그에서만 보던 녀석이었다. "응, 미니 전축이야."라고 그는 시큰둥하게 말했다. 내 전축으로 같이 들으면 되는데 굳이 왜 샀냐고 물으려는 찰나, 민수는 전축에서 눈을 떼지 않은 채 말을 이어 갔다. 이미 내 얼굴을 보지 않고도 내 마음을 읽은 것 같았다. "니 거는 음질이 별로 안 좋더라구." 젠장. 할 말이 없었다. 사실 내 전축은 소니 제품 중에서도 가장 싼 S3였고, 민수가 구입한 것은 제일 좋은 모델인 S7이었다. 그것은 엑센트와 그랜저의 차이와도 같았다. 나도 사고 싶었지만, 돈이 없어 살 수 없었던 모델이었다. 그 주 주말, 나는 내 전축을 동아리방으로 옮겼고, 19동 205호는 S7의 등장으로 유명세를 더해 갔다. 동기들은 삐삐 시그널 음악을 녹음하러 우리 방을 찾았고, 온 김에 연애편지를 부탁하거나 여자 친구와의 고민 상담까지 받고 가는 센터로 사리매김했다.

✦

민수 역시 여자 친구와 갈등을 겪고 있었다. 방돌이이자 해결사로서 내가 나서지 않을 수 없었다. 가장 먼저 조사했던 부분은 그가 여자 친구로부터 받은 편지였다. 여기서 나의 문제 해결 방법을 잠깐 소개해야 할 듯하다. 나에게는 감정에 치우친 녀석들의 주관적인 해석 따윈 자료나 증거가 될 수 없었다. 반드시 눈에 보이는 물적 증거가 있어야 했다. 편지라든지, 해석을 제외한 액면 그대로의 사건이라든지 말이다. 나는 누군가의 해석이 가미된 자료는 모두 거부했다. 그런데 민수가 받은 편지는 안타깝게도 해석의 여지가 별로 없었다. 미적지근한 뉘앙스의 한 장짜리 연분홍 파스텔 톤의 편지지였는데, 손 글씨도 아니고 차갑게 프린트된 글씨가 반 장 정도만을 채우고 있었기 때문이다. 누가 봐도 이별을 통보하는 편지였는데, 민수는 며칠 동안 그 편지를 붙들고 백만 분의 일이라도 좋으니 다른 해석을 할 수 없을까 고민하는 듯했다. 날 바라보는 그의 눈빛은 애절했다. 측은한 마음이 든 나는 친구가 불쌍해서 아무 말 없이 음악으로 내 답을 대신했다. 그 당시 내가 가장 좋아하던 프로듀서이자 작곡가였던 데이비드 포스터의 곡, < And when she danced >였다. 민수는 엉엉 울었다.

당시 19동 205호는 자정을 넘기면 더 활성화되는 '만남의 광장'이었다. 연애와 음악의 아지트였고, 모두들 자정쯤 되어야 급한 숙제를 처리하고 겨우 여유가 생겼기 때문이다. 지금 생각해도 정말 신기한 것은 거의 매일 피곤한 몸을 이끌고 추리닝에 슬리퍼 차림으로 19동 205호를 향해 어슬렁어슬렁 걸어오는 동기가 꼭 한두 명씩은 있었다는 사실이다. 단골도 두세 명쯤 있었고, 한 번도 찾아오지 않은 놈들도 두세 명 있었지만, 대부분은 적어도 한두 번씩 우리 방에 들러 이런저런 대화를 나누며 시간을 보냈다.

밤 12시, 우리가 자정이라 부르는 그 시간은 마법의 시간이었다. 어제와 오늘, 오늘과 내일의 경계에 있는 그 시간은 동기들이 들고 온 고민을 작아지게 만들거나 아예 사라지게 만드는 힘이 있었다. 똑같은 1초가 흘렀을 뿐인데 날짜가 하루 지나가 버리는 그 마법 같은 순간. 그 시간은 19동 205호를 찾은 녀석들에게는 마치 중력이 너무 강해서 빛마저 삼켜 버리고 시공간을 휘게 만드는 블랙홀과 같은 순간이있을 테고, 그러는 사이에 그들의 문세는 웜홀을 타고 아무것도 아닌 것으로 전환되곤 했던 것이다. 물론 이 기이한 현상을 조금이라도 설명하려면 한 가지 중요한 비밀을 누설해야 한다. 바로 야식 문화다.

어쩌면 이것이 19동 205호가 유명해진 진짜 이유일지도 모른다. 눈을 감으면 아직도 오토바이 헬멧 아래로 살짝 감추어졌던, 수줍어하면서도 장난기 가득한 눈으로 씩 웃던 멕시칸 치킨 아저씨의 얼굴이 선명하게 떠오른다. 그리고 그 아저씨 손에 들려 있던 치킨 한 마리 반의 압도적인 아우라! 우린 분명히 후라이드 한 마리를 시켰건만, 언젠가부터 터질 듯 위로 부풀어 오른, 노란색 고무줄이 간신히 지탱하고 있던, 그 우아한 자태의 치킨 박스가 배달되기 시작했다. 그게 언제부터였는지는 잘 기억나지 않지만, 확실히 기억할 수 있는 건 이런 기이한 한 마리 반의 기적은 19동 205호에서 주문할 때만 벌어지는 현상이었다는 사실이다. 우리는 매번 놀라워했고 동시에 행복해했다. 어쩌면 S7 전축도, 연애 상담도 아닌, 바로 이 치킨의 기적이 친구들의 고민을 가볍게 날려 버렸는지도 모른다. 멕시칸 아저씨, 보고 싶어요!

어떤 친구들은 치킨을 먹고 싶을 때 일부러 우리 방으로 와서 나에게 대신 주문을 부탁하기도 했다. 멕시칸 치킨집 아주머니께서는 내 목소리를 금세 알아들으셨다. "멕시칸 치킨입니더." "네, 안녕하세요. 여기 P 공대 기숙사 19동 205호인데요. 후라이드 한 마리요." 그러면 아주머니는 마치 기다리고 계셨던 것처럼 "네, 알겠심니더." 하며 전화를 끊으셨다. 통화가 끝난 직후, 나는 보지 않아도 보이는 듯했다. 멕시칸 치킨집 아주머니 얼굴에 그려진 그 흐뭇한 미소를 말이다. 그러고 나서 30분 정도가 지나면 어김없이 스쿠터 소리가 들려왔고, 곧이어 우리에게 오병이어의 기적을 베풀어 주셨던 멕시칸 치킨 아저씨가 기숙사 방문을 똑똑 두드리며 "멕시칸입니더."라고 했다. 아, 거의 매일 밤 되풀이되던 이 무한 반복의 시나리오는 29년이 지난 지금 떠올려도 입가에 미소가 절로 번진다. 그때 그곳에서 먹었던 한 마리 반의 멕시칸 후라이드 치킨은 아마 그 어디에서도 다시는 맛볼 수 없는 우리만의 향수로 영원히 남아 있으리라.

숙제 그리고 시험

P 공대의 숙제는 악명이 높았다. 졸업생 중 누군가는 이런 말을 남길 정도였다. "입학식과 졸업식 사이에는 숙제밖에 없었어요." 물론 과장된 표현이다. 그러나 아주 틀린 말도 아닌 이유는 한 학기에 평균 18학점, 그러니까 약 여섯 과목을 수강하면서 과목마다 쏟아져 나오는 숙제의 양이 가히 엄청났기 때문이다. 특히 학교 특성상 1학년 때는 전공에 상관없이 모든 학생이 기초 필수라고 명명된 과목들을 수강해야만 했다. 누가 공과대학 아니랄까 봐 그 과목들은 일반수학, 미적분학, 일반물리, 일반화학, 일반물리실험, 일반화학실험 등이었다. 고등학교 졸업과 동시에 졸업했다고 여겼던 그 지긋지긋한 수학, 물리, 화학

의 삼단 콤보를 대학에 와서도 또 공부하게 될 줄은 꿈에도 몰랐던 나는 급실망, 급좌절 모드로 빠질 수밖에 없었다. 설상가상으로 모든 교과서가 영어로 된 원서였기 때문에 수학을 해도, 물리를 해도, 화학을 해도 모두 영어의 연장선이었다. 이럴 수가. 그래도 여기까진 참을 만했다.

내가 참을 수 없는 나의 가벼움을 느꼈던 순간은 숙제로 나온 문제들을 제대로 풀어낼 수 없었던 나의 무능력함 탓이었지만, 단지 그것 때문만은 아니었다. 뭐랄까. 상대적 박탈감이랄까. 사실 일반 고등학교를 나온 나 역시 그 마의 삼단 콤보에서 꽤 높은 점수를 받던 놈이었고, P 공대에 합격할 수 있었던 것도 수학과 화학 본고사를 잘 치렀기 때문이었다. 당시 본고사 문제의 난이도는 P 대학이 전국 모든 대학을 통틀어 가장 높았다. 그 철의 장벽을 뚫고 당당히 전국에서 단 25명만 뽑는 정원 안에 들었던 나였기에 나름대로 자신감이 충만했다. 어디 가서도 수학과 화학만큼은 그 누구에게도 무시당하지 않을 자신이 있었다. 그러나 나는 좁디좁은 우물 안의 한 마리 개구리에 불과했다.

뛰는 놈 위에 나는 놈 있다고 했던가. 그렇게나 자신 있던 수학과 화학에서도 나는 고작 평균 점수밖에 받지 못했다. 좌절이었다(나중에 알고 보니 신입생 중 절반 정도가 과학고등학교 출신이었다. 그들은 고 3 때 이미 대학 1학년 때 배우는 수학, 물리, 화학을 선수 학습했다고 한다. 나로서는 도저히 넘을 수 없는 벽과 같았다). 이에 비할 수 없을 만큼의 더 큰 좌절을 내게 안겨 주었던 과목은 일반물리였다. 학기 말 학점이 C-였기 때문이다(이 과목은 1년 뒤 기어이 재수강해서 겨우 B-를 받아냈다). 그러나 이조차도 괜찮았다. 나의 좌절감에 치명타를 날린 건 따로 있었다. 그것은 좋게 말하자면 민수의 탁월함이었고, 나쁘게 말하자면 내가 민수에게서 느낀 열등감 혹은 배신감이었다.

아직도 또렷이 기억난다. 중간고사 하루 전날이었다. 19동 205호는 학기 중 무휴였기에 그날도 어김없이 자정이 넘어서 영업이 시작되었다. 멕시칸 치킨 아저씨는 그날도 순진무구한 웃음을 띤 얼굴로 우리 기숙사 방문을 두드렸고, 우리는 또다시 터질 것 같은 치킨 박스를 간신히 지탱하고 있던, 끊어질 듯 말 듯한 노란색 고무줄의 우아한 탄성력에 감탄했다. 그 아름다운 자태는 매일 봐도 질리지 않았다. 우리는 비닐봉지에 담긴 그 치킨을 받아 들며 떨리는 목소리로 말했다. "고, 고맙습니다." 우리는 정말 진심으로, 거짓말 하나 안 보태고 멕시칸 아저씨의 성실함에 무한한 존경과 감사를 표했다. 무한 감사합니다! 멕시칸 아저씨! 흑, 또 보고 싶어요!

아뿔싸, 한 명을 빼먹었다. 19동 205호는 민수와 내가 쓰는 2인 1실의 기숙사 방이었지만, 그 방에는 거의 매일 밤 상주하던, 내가 사용했던 2층 침대의 1층에 터를 잡고 마치 그림자처럼 존재하던, 실질적인 야식교의 교주이자 물주가 있었다. 기가 막힌 건, 그 형의 이름이 진짜 교주였다는 것이다. 한교주. 허걱. 어찌 이름을 이 따위로 지었을까 싶은 생각이 들어 어느 날 민수에게 험담을 했는데 민수가 하는 말이 가관이었다. "너는 그렇게 말하면 안 되지 않냐?" "왜?" "넌 영웅이잖아. 김영웅!" 젠장. 할 말이 없어진 나는 그 후로 교주 형을 부를 때마다 이름은 빼고 그냥 형이라고만 불렀다. 아차, 교주 형이 형인 이유는 삼수생이었기 때문이다. 무슨 근거로 그랬는지는 모르겠지만, 그 당시 관행으로 재수까지는 말을 놓고, 삼수부터는 존대해 주었던 걸로 기억한다. 어쨌거나 지금 생각해 보면 정말 다행이었던 것 같다. 교주 형이 동갑이었더라면, 아니 재수생이었더라도 나는 그를 "교주야~"라고 불렀을 테니까. 상상만 해도 끔찍하지 않은가.

　　　이름 얘기가 나왔으니 잠시 곁길로 좀 새야겠다. 이해해 주길 바란다. 그러나 분명 들어 볼 만한 가치가 있으니 믿어 주길 바란다. 때는 입학식 당일로 거슬러 올라간다. 입학식을 마치고 우린 선배들에게 이끌려 어느 빈 강의실로 불려 갔던 것 같다. 지금 생각해 보면 웃기지도 않지만, 대학교 2~3학년생들이 갓 입학한 신입생들에게 얼마나 어른인 척 굴던지, 기도 막히지 않을 정도였다. 그래 봤자 19세, 20세, 21세 정도에 불과했는데 말이다. 그러나 그 당시엔 눈과 입이 가려진 상태라 우리 96 동기들은 재수생이든 삼수생이든 상관없이 반은 긴장한 얼굴로, 반은 호기심 어린 얼굴로 선배들의 지시를 따랐다.

　　　95 과대(과대표의 줄임말)가 나와 "우리 귀여운 신입

생들, 이름 한번 불러 볼까요?"라며 출석을 부르기 시작했다. 이미 우리 25명에게는 번호가 매겨져 있었다. 이름이 불리는 순으로 추론해 보니 가나다순인 듯했다. "1번 구민수." 하자, 몇 시간 뒤 19동 205호로 들어와 나와 방돌이가 될 민수가 긴장한 나머지 "넷!" 하며 벌떡 일어섰다. '네'도 아니고 '넷'이라니. 그런데 민수가 일어서는 순간 의자가 뒤로 벌렁 넘어지는 바람에 그러잖아도 암묵적인 침묵이 흐르는 상태에 조금 더 긴장이 가해졌다. 속으로 '으이구, 저런 멍충이 같은 놈 하고는.' 하며 혀를 차던 나는 정작 "5번 김영웅."이라고 불리는 순간, 의자와 함께 뒤로 자빠지고 말았다. 아, 그때 느꼈던 쪽팔림이란! 그런데 선배들은 물론, 동기들 모두가 깔깔대고 웃기 시작했다. 나는 영문도 모른 채 겨우 일어나 자리를 정돈하고, 혹시나 바지 밑이 찢어졌나 만져 보고 아니구나 하고는 안심하며 눈만 끔뻑이고 있었는데, 과대 선배가 "니가 영웅이냐?" 하고 묻는 것이었다. 당연히 내 이름이 영웅이니까 "네." 하고 대답했는데, 사람들은 더 깔깔 웃어댔다. 그제야 나는 상황 파악이 되었다. 사람들이 내 이름을 가지고 놀려대고 있다는 사실을. 일어날 때 뒤로 자빠지는 바람에 어릴 적부터 늘 이름 때문에 놀림을 받던 그 익숙한 상황이 똑같이 재연되고 있었음에도 나는 전혀 인지하지 못하고 있었던 것이다. 이런 멍충이 같으니. 진짜 멍충이는 민수가 아니라 나였다.

그런데 그게 끝이 아니었다. 본론은 23번에 다다라서야 나왔다. 내 이름 때문에 한바탕 웃으면서 말랑말랑해진 분위기는 22번에 이르면서 다소 굳어지기 시작했다. 그리고 23번을 불러야 할 순간, 과대 선배가 먼저 터졌다. 혼자서 배꼽을 잡고 웃어 젖히는 것이었다. 우리는 '뭐지?' 하는 눈으로 말없이 서로를 곁눈질하며 눈치를 살피고 있었는데, 칠판을 부여잡고 간신히 웃음이 멈춘 과대 선배는 헛기침을 한번 하고 사뭇 진지한 표정으로 다시 출석 체크를 이어 갔다. 우리는 기대 반, 걱정 반으로 23번의 이름이 대체 무엇이길래 저럴까 하며 집중하고 기다렸다. 무슨 연예 대상 발표하는 것도 아니고 그렇게 이상한 분위기에서 그렇게 궁금한 상태로 침묵을 지키고 있었던 적은 그 이전에도 이후에도 없었던 기억이다.

드디어 과대 선배가 목을 가다듬고 입을 열었다. "23번 최고…"라고 말하며 선배는 또다시 웃음보가 터졌다. 보다 못한 부과대 누나가 옆에서 출석부를 낚아채더니 짜증 난 목소리로 출석을 이어 부르려고 했다. 과연 이번에는 제대로 들을 수 있을까 싶어 우린 귀를 쫑긋 세우고 집중하고 있었다. "23번 최고봉?" 평서문 혹은 명령문 조의 마침표가 아닌, 의문문의 물음표였던 걸로 기억한다. 이름이 최고봉일리가 없다는 판단에서였을 것이다. 그때 최고봉이 덥수룩한 머리를 긁적이며 조용히 일어나서 "예…" 하고 대답했다. 그제야 강의실 안에 있던 모든 사람이 일제히 웃음을 터뜨렸다. 어떤 이는 책상을 두드리며 웃어댔고, 어떤 이는 우는 건지 웃는 건지 모르게 안경을 벗어든 채 연신 눈물을 훔치며 웃어댔으며, 또 어떤 이는 바닥에 뒹굴면서 각자 자기만의 웃음보를 터뜨렸다.

이름이 김영웅인 나조차 경악할 수밖에 없는 순간이었다. 이럴 수가, 최고봉이라니! 나는 아무것도 아닌 놈이었다. 감히 이 김영웅을 평범한 인물로 전락시키고 이름 계를 평정해 버린 최고봉은 이후 나의 든든한 버팀목이자 바람막이가 되어 주었다. 누군가가 또 내 이름으로 장난을 걸어오면 나는 전혀 굴하지 않고 대뜸 "우리 과엔 최고봉도 있어요."라고 말하기만 하면 되었기 때문이다. 그러면 사람들은 두 눈이 동그래지면서 "정말이야?"라고 말하며 더 이상 내 이름을 문제 삼지 않았다. 역시 최고봉은 최고였다. 고봉아, 고마워! 그리고 미안해!

다시 중간고사 하루 전으로 돌아가자. 그날도 교주 형은 마치 자기 자리인 양 1층 내 침대를 장악하고 있었고, 멕시칸 치킨 한 마리 반과 코카콜라 1.5리터를 다 해치우고 나서도 자리를 비키지 않았다. 그날은 교주 형이 치킨을 샀는데, 밤을 새우려면 든든히 먹어 둬야 한다면서 이미 대학 경험이 있는 삼수생의 노련함을 과시하려는 듯했다. 어차피 밤을 새워야 한다는 사실에는 교주 형뿐만 아니라 민수도 나도 모두 동의하고 있었고, 또 나는 적어도 공부는 책상에서 하는 편을 선호했기 때문에 교주 형이 자리를 비켜 주지 않아도 괜찮았다.

문제는 그 이후였다. 교주 형이 교과서를 품에 안은

채 코를 골며 잠이 들어 버린 것이다. 당 떨어지지 않고 밤새 잘 공부하기 위해 먹었던 치킨과 콜라가 교주 형에게는 잠을 가져다준 꼴이었다. "형, 일어나. 내일, 아니 오늘 아침에 시험 있어요. 공부해야죠." 하면서 나는 교주 형이 딱해 보여 흔들어 깨웠는데, 언제나 친절했던 교주 형 왈, "응. 영웅아, 나 안 자." 나는 기가 막혀 "형, 코까지 골았는데 무슨 말이에요?" 하자, 교주 형은 여전히 친절한 말투로 타이르듯이 이렇게 말했다. "응, 그랬니? 알았어." 그러고는 다시 잠에 빠져들었다. 알았다니, 도대체 뭘 알았다는 건지 참 대책 없는 사람이네. 민수와 나는 에라, 모르겠다 하며 단념했고, 서로 등을 마주한 채 각자의 책상에 앉아 공부에 매진했다.

    1시간쯤 지났을까? 아니, 어쩌면 30분밖에 안 지났던 건지도 모르겠다. 마치 탱크가 지나가는 것처럼 거대한 포효 소리를 내며 민수가 코를 골기 시작했다. '이거 큰일인데.' 하는 생각이 머리를 스쳤다. 매일 밤 민수의 코 고는 소리 때문에 잠을 설치던 나로서는 진퇴양난에 봉착한 기분이었다. 교주 형은 조용히 자서 괜찮았지만, 민수는 달랐다. 그 굉음 속에서 공부를 이어 가는 건 도저히 불가능했다. 나는 민수를 흔들어 깨웠고, 민수는 "영웅아, 딱 1시간만 잘게. 깨워 줘." 하면서 엉금엉금 기어서 2층 침대로 올라가 본격적으로 자기 시작했다. '에휴, 한심한 것들.' 하면서 나는 알람을 1시간 뒤로 맞췄고, 다시 공부하려는 찰나 민수가 또다시 코를 골기 시작했다. 귀를 막고 교과서에 머리를 파묻은 채 집중해 보려 했지만 역부족이었다. 결국 나도 모르게 그 상태로 아침까지 잠들어 버리고 말았다.

시험은 오전 9시 30분에 예정되어 있었다. 내가 불편한 몸으로 잠에서 깬 건 8시쯤이었던 것 같다. 그런데 놀라운 건 눈을 뜨자마자 마주한 민수의 모습이었다. 민수는 반짝이는 눈으로, 초집중 모드로 공부하고 있었다. 민수의 눈이 그렇게 초롱초롱하던 모습은 처음 봐서 낯설었던 기억이 난다. '이놈, 정말 대단한 놈이군.' 나는 속으로 그렇게 생각하며 민수를 인정할 수밖에 없었다. 그런데 아니나 다를까 교주 형은 여전히 자고 있었다. "언제 일어났냐?"라고 묻자, 민수는 "응, 2시간 전쯤 일어났어."라고 대답했다. 간밤에 알람을 맞춰 두고도 잠들어 버려 민수를 깨워

주지 못했던 죄책감과 함께 왠지 모르게 민수로부터 살짝 배신감을 느꼈고, 여전히 나와 함께 한배를 탄 것처럼 보이는 교주 형을 세게 흔들어 깨웠다. 역시나 친절한 교주 형은 "응, 영웅아, 고마워." 하면서 일어났고, "에이, 1시간밖에 안 남았군. 이따 시험장에서 보자." 하고는 자기 방으로 휑하니 가 버렸다. 침대에서 자지도 못했고, 책상에서 공부하지도 못했던 나는 낙동강 오리알이 된 듯한 심정으로 그날 중간고사를 치렀는데, 혹시나 하고 바랐던 기적은 역시나 일어나지 않았다. 민수는 A-를 받았고, 교주 형은 C+, 나는 C-를 받았다. 그 과목이 바로 일반물리였다. 내가 2학년 때 재수강을 하게 될 바로 그 과목 말이다.

지금 생각해도 일반물리는 유쾌하지 않은 느낌으로 남아 있다. 그러나 그 아침 8시에 보았던 민수의 눈빛은 아직도 선명하게 기억난다. 입학식 당일 기숙사 방에서 민수와 악수하면서 보았던 그 눈빛을 재확인한 순간이었기 때문이다. 훗날 한 실험실을 책임지고 바닥부터 일으켜 세웠으며, 나중엔 나 같은 놈까지 인내심을 가지고 가르쳐 박사 학위를 받도록 도왔고, 더 나중엔 동기들 중 가장 성공한 과학자가 되어 내 인생의 마지막 보스가 되어 있을 인물의 시작은 이미 그때부터 활성화되었던 것이다. 참고로, 최고봉은 박사 학위를 받고 대기업 연구소로 넘어가 나중에 부장 자리를 꿰차게 되고, 교주 형은 학부만 마치고 마이크로소프트 코리아에 들어가 마침내 간부 자리까지 오르게 된다.

내 기억의 파편 하나하나를 충만하게 채우고 있는, 실로 대단한 그들의 존재가 오늘따라 그립다. 언제 다시 한자리에 모일 수 있을까? 가능한 일이기는 할까? 이 책이 종이옷을 입고 세상에 나오게 되면 혹시 가능해지지 않을까? 친구들아, 보고 싶다!

통나무집

P 대학을 얘기하면서, 그리고 P 대학 출신으로서 절대 빼놓을 수 없는 장소 중 단연 1위를 차지하는 곳은 아마도 '통나무집', 일명 '통집'일 것이다. 누군가는 '78계단'이나 '지곡연못'을 꼽을 수도 있겠지만, 그들 역시도 통집에 1위를 매기는 것에 반대하지는 않으리라 생각한다. 그만큼 통집은 P 대학의 상징이자 자랑거리 혹은 명소 혹은 핫플(핫 플레이스의 줄임말)이었다.

이름에서 짐작할 수 있듯 통집은 통나무로 지어진 집이다. 물론 평범한 집이 아니라 '집' 앞에 '술'이라는 단어를 붙여야 하지만 말이다. 그렇다. 저음 들으면 놀랄 수도 있고, 거짓말이라고 여길 수도 있겠으나, 엄연히 통집은 교내에 자리한, 학교가 운영하는 공식적인 술집이었다. 학교가 개교한 이후 몇 년 뒤에 세워진 통집은 1989년 당시 대학 주위에 논밭과 주거지 외에는 아무것도 존재하지 않던 사막과도 같았던 환경 속에서, 혈기 왕성한 대학생과 대학원생들의 편의와 복지를 고려하여 만든 곳이라 한다. 처음엔 반대하는 사람도 많았다고 들었다. 그랬을 것이다. 당시만 해도 숭고한 상아탑으로만 여겨졌던 대학이라는 공간 안에 세속적인 이미지의 끝판왕인 술을 파는 장소를 허용한다는 게 한국인의 고정관념에는 충분히 반하고도 남는 결정이었으리라. 그러나 우려와는 달리, 그 위험하게만 보였던 결정은 신의 한 수가 되었고, 세워진 지 30년이 넘었건만 큰 사고 하나 발생하지 않았으며, 학업과 연구에 지장을 주지도 않았다. 오히려 학생과 직원들의 스트레스를 해소하는 긍정적인 역할은 물론, 저렴한 가격 덕분에 편안한 마음으로 저녁 식사를 포함하여 출출한 배를 채울 수 있게 하는 역할을 톡톡히 해냈다. 통집은 단순히 술을 마시는 곳을 넘어서 만남의 장이자 위로와 쉼의 자리로 거듭난 것이다. 1996년에 입학한 나 역시 선배들이 자랑스러워하며 데려간 통집을 처음 영접하고는 그만 사랑에 빠지고 말았다.

먹는 데 진심이었던 민수와 나는 맛있는 음식을 먹으러 다니길 좋아했는데, 학생식당 저녁 메뉴가 형편없을 때마다 당시 차가 없던 우리에게 통집은 거의 유일한 대안이었다. 우리뿐 아니라 다른 P 대학 학생들도 여느 사람들처럼 세 끼를 먹었는데, 차이라면 아침/점심/저녁이 아니라 점심/저녁/야식이었다는 점이다. 그러므로 통집에서의 식사는 우리에겐 세 번째가 아니라 두 번째 식사였다. 우리가 자주 먹었던 메뉴는 훈제 치킨과 소시지 야채 볶음, 반건조 오징어, 감자튀김 등이었는데, 우린 술보다는 안주를 먹으러 통집을 찾는 사람들 가운데 하나였다. 안주만 먹자니 목도 마르고 해서 어쩔 수 없이 맥주 500cc를 한 잔씩 들이켜기도 했다. 술만 마시면 속이 쓰려서 안주를 곁들이는 부류와는 질적으로 달랐다.

반복된 습관은 또 다른 자아를 형성한다고 했던가. 민수와 나는 점점 둥글둥글해졌고, 기어이 돼지 형제라고 불리게 되었다. 덩치도 동기 중에서 가장 컸는데… 아니, 아니다. 덩치 얘기하니까 잊고 있던 한 사람이 불현듯 떠오른다. 진우, 최진우였다. 진우는 대학원에 진학하지 않았기 때문에, 아니 진학하지 못했기 때문에 이 거대 서사의 본론에 다다르기 전, 그러니까 학부 때의 추억을 곱씹는 지금, 진우가 남긴 명언을 소개하는 게 최적의 기회 같아 보인다. 29년이 지난 지금도 나뿐만 아니라 그 자리를 함께했던 동기들 뇌리에 지워지지 않고 선명하게 각인된 그 명언을 말이다.

너무 강렬한 순간이라 그날 무슨 일로 그 자리에 모였는지, 왜 그 멤버들이 옹기종기 한 테이블에 앉아 야식을 먹었는지는 기억조차 나지 않는다. 오직 진우의 명언만이 그 시간, 그 공간을 가득 채우고 있기 때문이다. 민수와 나는 당연히 그 자리에 있었다. 나중에 돼지 삼 형제가 될 시절이도 있었고, 당연히 교주 형도 함께였다. 우린 각자 교내 야식장에서 형편없게 끓인 라면 하나씩을 앞에 두고 있었고, 한 점씩 곁들여 먹으려고 역시나 형편없게 구워진 군만두도 테이블 중앙에 놓아 두고 있었다. 중국집에서 짜 장면이나 짬뽕 하나씩 시키고 가운데 탕수육을 놓고 나눠 먹는 상황을 떠올리면 쉽게 상상이 될 것이다. 그날 그 장소에서 잊을 수 없는 사건이 하나 벌어졌는데, 이건 너무나 당연하고, 굳이 지침이나 규칙이 없어도 암묵적으로 모두가 수긍하고 있는 상식을 깨트리는 일이었다.

　　진우를 제외한 우리는 모두 라면을 국물과 함께 한두 젓가락 먹고 만두를 하나 먹는 정도의 우아하고 교양 있는 패턴으로 야식을 먹기 시작했다. 그런데 진우는 달랐다. 첫 젓가락부터 군만두를 집더니 두 번째도, 세 번째도 계속 만두만 공략하는 것이었다. 보다 못한 교주 형이 입을 열었다. 나는 속으로 '역시 요럴 땐 삼수생이 나서서 교통 정리를 해야지. 역시 교주 형이야.' 하면서 잔뜩 기대하고 있었는데, 교주 형 왈, "진우야, 배고팠니?" 진우가 당연하다는 듯 대답했다. "네, 교주 형. 배가 많이 고팠어요." 교주 형이 응답했다. "응, 그랬구나." 그랬구나? 아니, 그랬구나라니! 교주 형은 그 이후 아무 말 없이 라면 국물에 담긴 계란을 숟가락으로 건져 먹으려 하고 있었다. 실망한 내가 나서서 한마디 하려던 찰나, 곧 돼지 삼 형제가 될 시철이가 먼저 나서는 것이었다. 참고로 시철이는 재수생이었다. 다시 말해, 우리가 불리할 땐 시철이 형이 되곤 하는 녀석이었다. "진우야, 너 만두만 먹으면 어떡해?" 군더더기 없이 뼈가 충분히 담긴 말이었다. 나는 만족했고, 모두가 약속이라도 한 듯 일제히 진우의 얼굴을 쳐다봤다. 그런데 진우는 시답잖은 질문을 한다는 듯 살짝 아래로 처진 안경을 손으로 추켜올리며 진지하게 대답했다. "응, 라면은 내 거잖아."

허걱. 라면은 내 거잖아라니! 그렇다. 논리적으로 반박할 수 없는 팩트를 너무나도 조리 있고 간결하게 말했기 때문에 우리는 모두 할 말을 잃은 채 서로의 얼굴을 쳐다볼 수밖에 없었다. 그사이 진우는 그래도 나름대로 눈치를 봤는지 만두를 달랑 두 개만 남겨 놓고 라면을 젓가락으로 휘휘 저으며 먹기 시작했다. 진우의 논리는 이런 것이었을 테다. 라면은 각자 하나씩 있었기 때문에 같은 돈을 내고 가장 많이 먹기 위해서는 공동으로 먹는 군만두를 먼저 공략해야 한다는 것. 만두는 공동의 것이지만 라면은 그 누구도 빼앗을 수 없는 내 것이라는 것. 이 엄연한 진리 앞에서 우리는 숙연해졌고, 우린 그 라면 사건 이후 야식장은 물론, 중국집에 한 번씩 갈 때도 진우는 데리고 가지 않았다. 미안하다, 진우야.

어디까지 얘기했더라…. 아, 참. 덩치 얘기하다가 또 곁길로 샜었지. 그런데 어떤가. 곁길이 의외로 즐겁지 않았는가. 다시 덩치 얘기로 돌아가자면, 민수와 나는 진우 다음으로 덩치가 컸고, 한 박자 느린 삼시 세끼 탓에 점점 덩치가 커져 갔다. 그러던 어느 날, 과대를 통해 미팅 의뢰가 들어왔다. 맞다. 그 미팅. 젊은 남녀들이 끼리끼리 모여 처음 만나 서로 소개하고 먹고 마시고 놀다가 간혹 진지한 관계까지 성장하곤 하던 그 시절의 단체 데이트. 저번엔 경북대 약대였는데, 이번엔 부산대 약대였다. 민수와 나는 말없이 서로의 배를 훔쳐봤다. 그리고 다짐하게 되었다. 살을 빼 보자.

다이어트를 해야 했다. 2주 뒤에 부산대 앞에서 있을 미팅을 위해 우린 그날 즉시 다이어트에 돌입했다. 방법은 간단했다. 한 끼를 과감하게 먹지 않는 것. 그런데 이미 한 박자가 늦춰진 세끼 스케줄이었기 때문에 우린 무슨 끼를 거를지 고민에 빠졌다. 점심을 굶자니 아침을 이미 먹지 않아 일과 시간에 힘이 안 날 것 같았고, 저녁을 굶자니 일과 시간 이후에 처리해야 할 산더미 같은 숙제를 할 에너지가 부족할 것 같았으며, 야식을 굶자니 배고파서 잠을 이룰 수 없을 것 같았기 때문이다. 우린 이 사상 최대의 난제 앞에서 열띤 토론을 이어 갔는데, 그때 그림자처럼 19동 205호 1층 내 침대에 자리 잡고 있던 교주 형이 묘안을 내놓았다. "얘들아, 한 끼를 굶는 건 미련한 방법 아니겠니? 차라리 아침을 먹고 야식을 먹지 말자. 나도 조인할게."

    점심/저녁/야식이 아닌 아침/점심/저녁의 체제로 다시 돌아간다는 것은 정상인으로의 회귀를 뜻했다. 우린 그제야 우리가 얼마나 정상인의 궤도에서 벗어나 있었는지 깨닫게 되었고, 시도해 보기로 했다. 그날따라 교주 형의 말은 정말 교주의 말처럼 설득력이 있었기 때문이다. 그러나 아니나 다를까. 첫날은 교주 형이 아침 8시가 채 되지 않은 시간에 말끔히 씻고 옷까지 갈아입은 상태로 민수와 나를 깨우러 와서 아침 식사를 하러 갔지만, 둘째 날부터는 내가 일어나 민수를 깨우고, 교주 형을 깨우러 가야 했다. "아까 일어났는데 다시 잠들었어. 미안해, 영웅아." 언제나 다정하고 친절한 교주 형은 그다음 날에도 내가 깨우러 갔는데, 이렇게 말하는 것이었다. "오늘은 너네끼리 먹으러 가지 않겠니?" 결국 그 계획은 무산되었고, 우리는 정상인으로 돌아갈 수 없었으며, 이 모든 문제의 시작은 미팅 때문이었기에 미팅을 안 나가면 되지 않냐는 의견에 우리 모두 동조했고, 우리는 다시 매일 밤 멕시칸 아저씨를 맞이했다. 3일간 멕시칸 아저씨를 못 만났더니 4일 만에 보는 아저씨 얼굴이 어찌나 반갑던지!

그리고 그날 이후로 우리는 다이어트와 정반대의 길을 걷게 되었는데, 그 이유는 '멕시칸 피자' 때문이었다. 매일 치킨을 먹는 것이 지겨워진 어느 날, 교주 형이 자기가 살 테니 새로 생긴 피자집에서 피자를 시켜 먹자고 했다. 이름이 멕시칸 피자였다. 우린 혹시나 하는 마음으로 한번 먹어 보자고 대답했고, 언제나 그랬듯 전화 주문은 내 몫이었다. "네, 멕시칸 피자입니더." 이럴 수가! 나는 전광석

화처럼 빠른 속도로 알 수 있었다. 바로 그 멕시칸 치킨집 아주머니였던 것이다! 민수와 나와 교주 형은 쾌재를 불렀다. 나는 목소리를 가다듬고 대사를 읊었다. "안녕하세요. 여긴 P 공대 기숙사 19동 205호인데요. 치킨, 아니 피, 피자, 음… 슈퍼슈프림 피자 라지 한 판이요." 그리고 바로 들려온, 우리가 매일 듣던 노랫소리와도 같은 그 대답. "네, 알겠심니더." 전화를 끊고 우린 금메달이라도 딴 듯 함께 껑충 뛰며 즐거워했다. 아마 모두 머릿속으로는 같은 걸 그리고 있었을 것이다. 피자 한 판 반의 기적을 말이다.

30분쯤 지나고 붕 하는 스쿠터 소리가 들리더니 이내 재빠른 걸음으로 걸어오는 발자국 소리가 들렸고, 똑똑 문 두드리는 소리와 함께 익숙한 목소리가 들려왔다. "멕시칸입니더." 아, 그날 그 방문을 열 때 얼마나 긴장하고 긴장했는지 지금도 잊히지가 않는다. 과연 정말 피자 한 판이 한 판 반으로 불어나 있을 것인가! 심장 소리가 귓가에서 쿵쿵 대던 그 순간, 멕시칸 아저씨는 여느 때처럼 수줍어하는 얼굴로 씩 웃고 있었고, 손에는 그냥 피자 한 마리, 아니 한 판이 들려 있었다. 급실망을 하려는 찰나, 치킨 반

마리가 들어 있는 조그만 박스 하나가 다른 비닐봉지에 담겨 우리에게 함께 건네졌다. 아, 그러면 그렇지! 멕시칸 아저씨가 조곤조곤한 목소리로 말씀하셨다. 그렇게 길게 말씀하시는 건 처음 듣는 일이었다. "피자는 반 개만 더 구울 수가 없어서예." 그 진리의 말씀을 듣고서 우리는 무릎을 탁 치며 아, 그렇구나 했다. 엄연히 서로 다른 피자와 치킨을 같은 논리로 이해하려고 했던 우리의 무지몽매함을 반성했다. 그리고 우린 그날 이후로 피자와 치킨을 번갈아 가며 시켜 먹기 시작했다. 우리의 덩치는 점점 더 비대해져 갔다. 참, 교주 형은 여전히 가끔 아침 식사를 실천하는 기행을 보였는데, 밤에는 여전히 19동 205호 내 침대를 차지하고 야식도 함께했다. 세 끼가 아닌 네 끼나 먹는 기행을 보여 줬던 교주 형. 형, 형도 역시 정상인은 아닌 것 같아요!

2 휴학, 입대, 제대 그리고 복학

P 공대에서는 2학년 때부터 비로소 전공과목을 배우게 된다. 나는 2학년 때 일반생물학, 일반생물실험, 유기화학, 세포생물학을 수강했고, 3~4학년 땐 생화학, 생화학실험, 분자생물학, 유전학, 생리학, 면역학을 들었다. 1학년 시절 수학, 물리, 화학의 삼단 콤보를 영어 원서로 소화해낼 땐 주로 문제를 풀면서 개념이나 공식을 이해하는 방식이었다면, 전공과목은 수식을 이용하여 문제를 푸는 방식이 아니라 매일 진득하게 읽고 이해하는 방식이었다. 생물학을 '과학의 인문학'이라고 부르는 이유를 알 만했다. 그만큼 당시 우리가 읽어 나간 교과서의 양은 엄청났다. 소설도 아닌 두껍고 무거운 영어로 된 책을 들고 다니며 시간이

날 때마다 읽어야 했다. 가만히 앉아서 졸지 않는 능력이 비상한 무기로 여겨지는 시기로 접어든 것이었다.

19동 205호 주민들, 그러니까 교주 형과 민수와 나는 2학년이 되면서 모두 19동을 탈출했다. 19동은 전체 기숙사 동 중에서도 실내 공간이 가장 작기로 유명하여 일명 '닭장'이라는 별명까지 가지고 있었기 때문이다. 게다가 유일하게 19동만이 2층 침대를 사용하고 있었다. 교주 형은 2동으로, 민수와 나는 12동으로 이사를 했다. 우리뿐만이 아니었다. 한 기숙사 동에서 모든 동기가 같이 살다가 각자가 신청한 기숙사 동으로 뿔뿔이 흩어지게 되면서 동기들끼리의 교류, 특히 자정이 넘어서야 오픈하던 19동 205호의 영업장은 자연스럽게 문을 닫게 되었다. 그 이후로도 멕시칸 아주머니는 여전히 19동 205호, 아니 나의 목소리를 기억해 주셨고, 우린 그 혜택을 계속해서 누릴 수 있었지만, 아무래도 찾아오는 사람이 적어지다 보니 멕시칸 아저씨의 얼굴을 보는 횟수가 줄어들 수밖에 없었다. 우리는 바야흐로 신입생 딱지를 떼고 새로운 시작을 하게 된 것이었다.

✦

2학년 때 전공과목을 공부하면서 중고등학교에서 배웠던 생물학은 수박 겉 핥기였음을 깨달았다. 생물학을 전공하러 온 나조차 중고등학생 땐 생물학을 과학 과목 중에서도 가장 재미없어했으니 더 이상 설명 안 해도 감 잡을 수 있을 것이다. 원리도 모르고 암기만 강요당했던 이유는 오로지 입시를 위해서였을 텐데, 그 아쉬운 시절은 타임머신이 주어져도 돌아가고 싶지 않을뿐더러 후학들에게도 결코 권하고 싶지 않은 순간이다. 우리에게 필요한 건 교과서 한 권을 처음부터 끝까지 암기해 내는 능력이 아니라, 단 한 페이지를 배우더라도 원리와 개념을 이해하고 충분한 질문과 토론을 거쳐 자기 것으로 만들 줄 아는 능력, 스스로 생각하고 답을 도출해 내는 능력이다. 나는 여전히 그렇게 믿는다.

　입대를 위해 휴학하기 전까지 내가 가장 좋아했던 과목은 세포생물학이었는데, 이 과목은 내가 처음으로 생물학에 진정한 관심을 가지게 된 계기로 작용했다. 처음으로 생명의 경이로움을 느끼게 된 것이다. 세포는 생체 내의 가장 작은 활동 단위로, 조직마다 그 조직에 특화된 형태를 가지고 다른 기능을 담당한다는 사실, 그런데 이 모든 다양한 세포들이 수정란에서 분열과 분화를 거치면서 여전히 똑같은 DNA를 가지고 있다는 사실, 그리고 세포 내부에서 센트럴 도그마에 의해 생산된 단백질이 가장 왕성하게 활동하는 공장과도 같다는 사실 등을 알게 되면서 생명의 신비에 눈뜨게 되었다. 이때의 경험과 지식은 복학 후 빛을 발하게 될 나의 실험 능력에 지대한 영향을 주게 된다.

한편, 나를 곤혹스럽게 만든 과목도 있었으니, 이름하여 유기화학이었다. 덕분에 탄소가 백 가지가 넘는 원소 중에서 얼마나 독특한 역할을 하는지, 탄소와 수소, 산소, 질소의 결합이 생체 내에서 얼마나 중요한지를 알게 되어 나중에 생화학을 배울 때에도 큰 도움이 되었지만, 그럼에도 여전히 유기화학은 나에게는 높은 장벽과도 같았다. 연습 문제를 풀 때마다 원리를 어느 정도 이해했다고 생각했는데도 늘 오답을 내놓곤 했다. 설상가상으로 이 유기화학은 두 학기에 걸쳐 배우게 되었고, 그중 하나는 일반물리에 이어 재수강할 수밖에 없는 학점을 받았기 때문에 나에겐 지금도 그다지 좋지 않은 기억으로 남아 있다. 다행인 것은, 아니 이걸 다행이라고 해야 하는지는 잘 모르겠지만, 그 깊은 유기화학의 늪에서 나와 함께 헤매던 동지가 있었으니, 바로 교주 형이었다. 우린 재수강 동기가 되었다. 역시 나는 교주 형이 좋았다. 의리의 사나이로 내 기억에 남아 있다. 반면, 민수는 달랐다. 동기 중에서도 늘 상위권 성적을 유지했고, 늘 같이 먹고 같이 노래방에 가서 놀았음에도 시험 당일 새벽에는 귀신같이 일어나 날카로운 눈빛을 발하며 공부에 전념했다. 그러곤 언제나처럼 A+는 아니더라도 A0나 A-를 받아냈다. 교주 형과 내가 간신히 학사 경고를 면하던 것과는 질적으로 달랐다. 말로만 듣던 천재라는 인간이 바로 옆에 있었던 것이다. 그때부터였던 것 같다. 나는 민수를 친구로서 좋아하고, 예비 학자로서 존경하게 되었다. 분명 대학과 대학원을 졸업하고 큰 인물이 될 거라고 믿어 의심치 않았다. 그리고 그 믿음은 머지않아 현실이 된다.

3학년 1학기에 접어들면서 나는 지쳐 버리고 말았다. 학문을 계속해야 하는지, 내가 P 공대생으로 적합한 사람인지, 이 똑똑한 녀석들과 경쟁을 계속할 수 있을지 자신이 없었다. 1998년 봄, 19명의 남자 동기들 가운데 벌써 3명은 입대를 한 상태였다. 결국 나도 그 대열에 합류하게 된다. 그때 나는 아마 태어나서 처음으로 나의 정체성에 대해 진지하게 질문을 던졌던 것 같다. 답을 찾을 수는 없었지만, 한 가지만은 확실했다. 이대로 계속 공부해서는 안 되겠다는 것. 나중에 민수가 거치게 될 박사특례 제도를 활용해 나도 입대를 하지 않을 수 있었지만, 그 당시 나에겐 휴지기가 필요하다고 생각했다. 그래서 휴학을 결심하고 입대를 결정했다.

이왕 군대 얘기가 나온 김에 좀 더 풀어 볼까 한다. 군대 얘기에 관심이 없는 분들은 그냥 건너뛰셔도 무방하다. 그러나 읽어 보시면 충분히 재미를 느끼실 수 있으리라 믿는다.

1998년 가을, 집으로 영장이 배송됐다. '의정부 306 보충대'라고 아주 성의 없게 타이핑된 엽서였다. 난 당연히 '논산 훈련소'가 적혀 있을 줄 알았다. 내 주위에선 모두 논산으로 징집되었기 때문이다. 아마 이때부터였던 것 같다. 나의 군 생활이 꼬이기 시작했던 건. 대학교 3학년 1학기를 마친 그해 9월, 난 머리를 빡빡 깎고 부모님과 함께 의정부로 향했다. 그 당시 의정부는 내 생애에서 가 본 곳 중 한반도 최북단의 장소였다. 얼마 지나지 않아 그 '최북단'이란 단어를 더 이상 쓸 수 없게 되었지만 말이다. 의정부 306 보충대에서 난 더 분류되어 며칠 만에 경기도 연천군 신서면 대광리에 위치한 훈련소로 가게 되었다. 대광리로 말하자면, 의정부에서 차를 타고 2시간 정도 더 북쪽으로 올라가야 나오는 곳이다. 그게 끝이 아니었다. 6주간의 훈련소 생활이 끝나고 난 뒤 한술 더 떠서, 더욱 북쪽으로 가게 된다. 내가 자대 배치를 받은 곳은 민간인이 들어가지 못하는 민통선, 그러니까 '민간인 출입 통제선' 안쪽에 있는 곳이었다. DMZ(비무장지대)를 철책 하나를 두고 경계 근무를 서는 GOP 부대로 배치를 받게 된 것이다. 부산이라는 따뜻한 남쪽 나라에서 태어나 살다가, 약간 더 북쪽에 위치한 포항이란 시골에서 또 3년 반을 살다가, 대한민국 국민 중 아주 소수의 사람들만 들어갈 수 있는, 진정한 '최북단'에 가게 된 것이었다.

대광리에서 6주간의 신병 훈련이 끝나 갈 무렵이었다. 교관 중 하나가 자대 배치 건으로 모든 훈련병 앞에서 말했다. "서울대 나와!" 한두 명인가 조용히 걸어 나갔던 걸로 기억한다. 그다음이었다. "연세대나 고려대 나와!" 또 몇 명이 앞으로 나갔다. 대통령 훈장 받는 것도 아닌데, 그들은 굉장히 자랑스러워하는 표정이었다. 앉아 있던 모두가 그 호출의 의미를 잘 알고 있었기 때문이다. 학벌 좀 되는, 소위 공부 좀 했다는 놈들은 행정병으로, 그것도 높은 학벌일수록 더 상급 부대로 배치를 받게 되어 남은 군 생활을 군인이 아닌 듯한 군인으로 편하게 보낼 수 있었다. 난 기다렸다. 당연히 그다음은 교관이 "P 공대 나와!"라고 할 줄 알았다. 서울대야 그렇다 쳐도 연고대보다 먼저 불리지 않았다는 사실을 굉장히 못마땅해하면서 말이다(그 당시 P 공대 애들이 갖고 있던 피해의식일지도 모른다). 그러나 더 이상의 호출은 없었고, 다음 일정이 진행되었다. 아무 일도 없었던 것처럼. 나는 손을 들고 이렇게 물어보고 싶었다. "P 공대는요?" 아니, "P 공대는 왜 안 부르시지 말입니까?"라고 했어야 했나. 아무튼 나는 진짜로 망설였다. 그러나 끝내 침묵을 지켰다. 혹시 까먹어서 내일이라도 다시 부르지 않을까 하는 가망 없는 희망을 품고서.

　중학생 때부터 안경을 쓰기 시작했지만, 시력이 그다지 나쁘지는 않았다. 훈련받을 때 땀도 많이 나고 안경 때문에 불편할 때가 많은 데다, 뭐 자세히 보고 멀리 볼 필요가 없는 훈련을 받는 날이면 난 굳이 안경을 쓰지 않았다. 어느 날이었다. 자대 배치를 받기 위해 어디에선가 대기하고 있었던 것 같다. 그날도 난 안경을 쓰지 않았다. 수색대원을 차출한다고 또 다른 교관들이 찾아온 날이었다 (수색대원이라 함은 GOP보다도 더 북쪽, 그러니까 GP까지 관할하고 DMZ를 수색하는 군인들이며, 신체 조건이 A급이어야 될 수 있다).

　교관들은 내무반에 각 잡고 앉아 있는 우리를 둘러보더니 몇 명을 지명했고 앞으로 나오라고 했다. 나도 포함되어 있었다. 아뿔싸. 순간 머리가 재빨리 돌아갔다. 그리고 이렇게 말했다. "안경 좀 쓰겠습니다!" 교관이 내게 시력이 안 좋냐고 물어봤다. 안경 안 쓰면 생활이 불편하냐고 물어봤다. 그렇다고 대답했다. 그랬더니 교관이 내게 그냥 자리에 가서 앉으라고 했다. 안경을 쓴다는 것이 거짓말은 아니었으나, 난 그날 좀 많이 나 자신에게 쪽팔렸다. 왠지 불의를 행한 것 같은 기분이었다. 떳떳하지 못하고 당당하지 못했다는, 왠지 모를 자책감이 몰려왔다. 그러면서도 한편으론 안도의 한숨을 내쉬는 나를 발견했다.

그렇게 해서 난 남들 다 쓰는 'P 공대'라는 간판을 써먹지도 못했고, 또 신체가 건강하다는 이유만으로 수색대원까지 될 뻔한 위기를 간신히 넘긴 끝에 GOP 부대, 그중에서도 한번 들어가면 휠체어를 타고 나온다는 열쇠 부대, 5사단 27연대 3대대 10중대 1소대로 자대 배치가 되었다. 난 소총수였다. 일빵빵, 일명 땅개였다. 상대적 박탈감이겠지만, 어쨌거나 굉장히 억울했다. 내 친구들은 모두 P 공대 간판이나 생명과학과 덕을 보고 대부분 의무병이나 행정병으로 뽑혔다는데, 유독 나만 철책 땅개로 배치되었다는 사실 때문이었다. 아, 그땐 정말 지옥에라도 떨어진 듯한 기분이었다. 하지만 그로 인해 나는 인생의 다채로움과 깊이를 경험하게 된다. 물론, 강제적이었지만 말이다.

먼지 풀풀 날리는 육공 트럭을 타고 중대 본부에 도

착했을 땐 이미 깜깜한 밤이었다. 내무반으로 들어서니 반쯤 미쳐 보이는 병장들이 깔깔이나 소시지 체육복을 입고 나를 반겼다. 각 잡고 앉아 있으려니 편하게 앉으라고 했고, 눈치를 채고 "아닙니다!"라고 하면 벌써부터 말 안 듣는다며 성질을 부렸고, 또 시키는 대로 하면 행동대장인 상병의 이름을 불렀다. 그러면 그 상병은 기회를 잡았다는 듯 굉장히 위협적으로 욕과 함께 내게 기합을 줬다. 벌써부터 빠졌다나 뭐라나. 이래도, 저래도, 어떻게 해도 당할 수밖에 없는 그 상황. 아, 난 태어나서 그런 분위기는 처음이었다. 미칠 것만 같았다.

1소대 4분대로 배치되었다. 군대에 가기 전에는 거의 울어 본 적이 없다는 것을 은근한 자랑거리로 삼던 나였다. 그러나 난 매주 일요일, 초코파이를 주는 교회에 가서 펑펑 울어댔다. 하나님이 날 버리신 것 같았다. 그런데 거기에 P 공대를 아는 놈이 있었다. 성균관대인가 어딘가를 다니다가 입대했다고 했다. 그 일병 놈이 무식한 병장에게 한 P 공대에 대한 설명으로 인해 난 그날 그 시간부터 오로지 갈굼의 대상이 되었다. 다른 이유는 없었다. P 공대에 다닌다는 사실 하나로 영문도 모른 채 고문을 당해야만 했다. 맞기도 했고, 간식이나 밥을 주어진 양보다 두세 배로 먹어 치워야만 했다. 100일 휴가를 나왔을 때 내 몸무게는 거의 90킬로그램에 육박했다. 입대 전보다 10킬로그램 이상 찐 것이다. 부산 집에 도착하니, 부모님이 날 보자마자 우셨다. 속상했다.

상상이 가는가. 내가 100일 휴가 복귀 때 느꼈던 그 복잡한 심경이? 거울을 보며 내가 무슨 생각을 했었는지? 정말 혼란스러웠다. 내가 믿는 하나님도 그냥 날 방관하고 계신 것 같았고, 그 사람들과 함께 2년여의 시간을 보내야 한다고 생각하니 숨이 턱 막혔다. 휴가 후 복귀하지 않고 자살하거나 탈영하는 사람들의 심정을 조금이나마 이해할 수 있을 것 같았다. 무엇보다 입대하기 전에는 자랑거리로 여기던 것들이 고문과 학대를 받는 이유로 작용한다는 사실이 나로서는 정말 받아들이기 어려웠다. 거울의 반대편에 있는 세계로 온 것 같았다. 모든 가치 기준이 거꾸로 된 그런 세상.

입대 전 내가 살던 세계에서는 공부 잘한다는 사실이 언제나 긍정적인 의미를 가졌고, 칭찬과 존경의 이유가 되었다. 특히 학생 신분이라면, 그건 마치 최고의 학생이라는 의미까지도 부여되곤 했었다. 그러나 내가 배치받은 군대에서는 정반대였다. 논리적이고, 합리적이고, 이성적인 것들은 모두 교만하고, 거만하고, 질서를 파괴하는 주적으로 대우하는 듯했다. 그런 것들보다는 그 작디작은 세상에서의 경험, 즉 짬밥만이 가장 크고 위대한, 아니 유일한 가치 판단의 기준인 듯했다. 그러나 다행히도 그런 현실 같지 않은 현실은 몇 달 후 끝나게 된다. 신기하게도 내 인생에서는 가끔, 심각한 문제들이 내 의지와는 전혀 상관없이 벌어진 어떤 위기를 통해 해결되곤 하는데, 그때도 그랬다.

어느 날이었다. 소대 전체가 벌을 받아야 하는 상황에 놓이게 됐다. 상황병 한 명만 남겨 두고 소대장을 포함한 모든 소대원이 완전군장에 총까지 메고 급속 행군을 해야만 했다. 우린 20킬로그램이 넘는 무게를 짊어진 채 열을 맞추어 뛰기 시작했다. 날이 더워서 그랬는지 한두 명씩 픽픽 쓰러지기 시작했고, 결국 절반 정도가 급속 행군을 끝마치기 전에 낙오했다. 낙오자 중엔 이등병은 물론이고, 일병과 상병까지 포함되어 있었다(그러나 병장은 모두 살아남았다. 정말 신기했다. 내무반에서 매일 미친 짓을 하는 그 실없는 인간들이 그 순간 굉장히 위대하게 보였다. 눈은 빛나고 있었으며 어느새 리더의 위치에서 소대원을 챙기고 있었던 것이다. 그때 알았다. 짬밥의 힘을. 그 자존심을). 그러나 난 살아남았었다. 살은 붙었지만 체력은 여전히 좋았고, 사실 그것보다는 오기였다. 살아남으려는 의지였다. 낙오한 사람은 의무병 트럭에 실려 갈 수 있었지만, 그 낙오자가 짊어졌던 군장은 살아남은 소대원들이 책임져야 했다. 나 역시 살아남은 병장, 상병들과 함께 낙오자들의 군장을 나눠 짊어졌다. 곧 급속 행군을 중단하라는 명령이 떨어졌고, 소대원 모두가 멈춰 섰다. 그것은 살아남은 자들의 모임이었다. 이등병이었던 나도 그 무리에 포함되어 있었다. 그 순간 그렇게 날 갈구던 병장들과 상병들의 눈에서 뭔가 변화된 기색을 읽을 수 있었다. 말없이 날 바라보는 눈빛이 평소와는 달랐다. 무언의 인정 같은, 마치 눈에 보이지 않는 어떤 합격선을 통과한 듯한 느낌이었다.

그렇다. 난 그들의 세계에서 그들만의 방식으로 정정당당하게 인정받은 것이었다. 그날 이후, 갈굼은 끝이 났다. 난 화장실로 가서 몰래 눈물을 훔쳤다. 대학에 합격했을 때보다 몇십 배는 더 큰 기쁨이었다. 그 '위대한 인정'을 받은 후 나의 입지는 현격히 달라졌다. 모든 게 그대로였으나, 모든 게 바뀐 것 같았다. 나 빼고 모두가 약에 취한 것 같기도 했고, 영혼이 다른 사람으로 바뀐 것 같기도 했다. 정말 인생은 모를 일이다. 위기가 기회가 되기도 하고, 기회가 위기가 되기도 한다. 그리고 인간인 우리는 그것을 예측할 수도, 조절할 수도 없다. 난 그것이 다행인지 불행인지 잘 모르겠다.

내무반에서나 훈련 중 5분, 10분간의 휴식 시간이 주어질 때면, 선임들은 보통 노가리를 깐다. 그럴 때마다 해결되지 않는 말싸움이 생기면, 그들은 그날 이후로 거의 어김없이 나를 불렀다. 종종걸음으로 그들에게 다가가면, 대뜸 내게 묻곤 했다. 어떤 게 맞냐고, 도대체 이건 뭐냐고. 솔직히 대부분은 어이가 없는, 그러니까 별로 지식이 필요 없고 이럴 수도, 저럴 수도 있는 논쟁 같지도 않은 논쟁이었지만, 그런 상황에서 내가 할 수 있는 건 내가 아는 선에서 진지한 표정을 짓고 정중히 대답하는 것뿐이었다. 그런데 놀라운 것은 내 대답이 그들에게 있어선 곧 판사의 판결처럼 받아들여졌다는 것이다. "XX, 봐! 내가 뭐랬어? 영웅이가 맞대잖아!" 내 말은 모든 말싸움과 논쟁을 종결시켰고, 난 졸지에 소대의 판결자가 되었다. 거의 고문관과 같은 레벨에서 병장과 상병들의 말이 맞는지 틀렸는지 판결하는 레벨로 수직 상승한 것이다. 이럴 수가! 그렇게 매번 진지한 표정을 지으며 내 맘대로 답하면서도 판사 역할을 할 수 있다는 게 정말 얼마나 웃겼는지 모른다. 인간이란 정말….

그들이 날 갈궜던 이유는 별다른 게 아니었다. 그들의 피해의식이었고, 열등감이었다. 그리고 그것은 그들만의 그 작은 세상에서도 남을 지배하고 군림하고 싶어 하는 인간의 민낯이기도 했다. 그들의 문제도, 구조적 문제도 아니었고, 다만 인간의 문제였다. 그래서 군대는 사람이 바뀌어도 사람이 존재하는 한 절대 바뀌지 않는 것이다. 혼자 살 수도 없지만, 그렇다고 함께 살면 지배와 군림의 문제가 반드시 등장하게 되어 있는 존재가 인간이 아닐까 싶다. 《논어》에서 공자는 세 사람이 모인 곳엔 언제나 스승이 있다고 했지만, 현실적으로 그 말을 바꾸자면, 차라리 세 사람이 모인 곳엔 언제나 지배자나 군림자 혹은 갑이 존재한다고 해야 하지 않을까 싶다. 그게 인간의 속성을 좀 더 잘 표현하는 것 같아서다.

그들의 세계로 깊이 들어가게 되면서 난 점점 그들 중 하나가 되어 갔다. 그러면서 그들의 출신과 성장 배경을 알게 되었는데, 다는 아닐지라도 적어도 그들을 어느 정도는 이해할 수 있었다. 그들 중엔 창녀촌의 포주를 해 봤다는 자도 있었고, 나이트에서 근무하며 여자들과 많이 놀아 본 것을 훈장처럼 여기는 자도 있었으며, 사기를 쳐 봤다거나 많은 여자와 밤을 보낸 경험을 영웅담처럼 떠벌리는 자도 있었다. 대학은커녕 교육이라곤 거의 받아 본 적 없어서 교육과는 전혀 상관없는 직종에 있다가 온 사람들이 절반 이상이었다. 그들은 제대 후 다시 그 직종으로 돌아가거나, 아니면 미래가 매우 불투명한 자들이었다(적어도 나는 제대하면 P 공대 생명과학과 3학년 2학기로 복학하면 되었다). 그러니 그들에게는 군대에서 그렇게 병장질, 상병질을 하는 것이 얼마나 큰 희열이었을까 생각해 보면 숙연해질 정도였다. 그들의 눈에 비친 내 모습은 그저 편하게 공부만 하다가 세상 이치를 하나도 모르면서 그들을 가르치려 드는 재수 없는 놈이었을 것이다. 그래서 그들이 나보다 훨씬 더 지혜롭다는 것을 증명한다고 했던 행동들이 내가 어이없이 당했던 숱한 일들이었던 셈이다. 그들을 이해할 수 있었다. 그것은 옳고 그름의 문제가 아니었고, 정의와 불의의 문제도 아니었다. 그런 사람들이, 내가 이전까지는 한 번도 만나 보지 못했던 그런 사람들이 생각보다 굉장히 많다는 걸 직접 체험하면서 인정하게 된 계기였다. 나아가, 정해진 시간이 지나 제대를 하고, 다시 공부하며 학위를 취득하다 보면, 내가 또 언제 그들과 같은 사람들을 만날 수 있을 것인가 하는 생각에, 갑자기 그 시간이 굉장히 귀하게 느껴지기도 했다.

그들만의 방식으로 그들에게 인정받았다는 사실은 내 인생 전체를 놓고 봤을 때도 실로 굉장한 의미를 지닌다. 자신이 잘한다고 믿고 있는 것들도 다른 관점에서는 전혀 다르게 판단될 수 있다는 것을 알게 되었기 때문이다. 그러니 뭐 하나를 잘한다고 해서 스스로 교만해지는 사람은 정말이지 얼마나 위험한가 싶다. 그 하나가 그 세계에서는 일종의 언어와도 같은 것이다. 어찌 보면 난 공부 잘함과 좋은 대학 간판을 가지고 특권을 누리고 싶어 했던 것 같다. 그것으로 합법적인 새치기를 하고 싶었던 것이고, 일종의 갑질을 하는 존재가 되고 싶었던 것이다. 한 세계의 한 언어만 잘한다고 해서 모든 세계에서 그것이 먹힐 거라고 자신만만하게 믿고 있었던 나는 얼마나 어리석고 가엾은 인간이었단 말인가!

    제대한 지 25년이나 지난 지금, 다시 생각해 본다. 누군가가 기획하지 않고서는 있을 수 없는 일이라 해석하며 그 기획자의 존재를 신이라고 본다면, '신의 계획'이라고 믿을 수 있을 것이며, 애초에 신의 존재 자체를 부정하고 모든 인간사를 그저 무작위의 연속으로 규정한 다음 확률론적으로만 해석한다면, '운명의 장난'이라고 볼 수도 있을 것이다. 여기엔 과학적이거나 논리적인, 그 누구도 부정할 수 없는 증거는 존재하지 않는다. 그렇기 때문에 그 누구도 A나 B라고 단정할 순 없을 것이다. 어쨌거나 나는 내게 닥쳐온 그 2년 2개월의 시간을 잘 버텨 냈고, 나름대로 교훈을 얻었다. 그 시절의 경험은 나에게 타자와 세상을 이해할 수 있는 계기를 마련해 주었고, 이후 삶에서 힘든 시기를 버텨 낼 수 있는 힘이 되어 주었다. 나는 제대 후 다음 해에 3학년 2학기로 복학하게 된다.

2 연구참여

비록 강제적이었지만, 최전방 소총수가 아니었다면 결코 맛보지 못했을 다층적인 인생의 다채로움을 경험한 나는 예정대로 3학년 2학기로 복학했다. 때는 2001년. 새로운 밀레니엄은 미신적인 우려와는 달리 세상의 종말을 가져오지 못했고, 인터넷이라는 신문물은 본격적으로 세상을 장악하기 시작하고 있었다. 기숙사 방마다 랜선이 깔려 있었고, 아이피 주소가 할당되어 있었다. 전화선을 꼽고 끼익 소리를 내며 연결되는 인터넷 연결은 이미 구시대의 유물이 되어 있었다. 나는 그저 군대를 다녀온 것뿐인데, 그저 3년을 휴학했을 뿐인데, P 공대에는 20세기 말과 21세기 초 격동의 세월을 지나면서 새 시대가 도래한 것이었다. 나만 빼고 모든 게 앞서간 것처럼 보였다. 나는 불안했다.

친구들은 스타크래프트라는 온라인 게임을 한답시고 밤낮 가리지 않고 소란을 피웠고, 또 다른 친구들은 당시 유행하던 여러 웹에디터를 이용하여 자신만의 홈페이지를 만들어 글과 사진을 올리고 있었다. 드디어 온라인 세상이 오프라인으로 침투하여 당당히 한자리를 차지하게 된 것이다. 컴퓨터가 필요해진 나는 제대 후 복학하기 전에 과외와 학원 강사를 하며 벌어들인 돈으로 컴퓨터 부품을 사들여 직접 조립해서 나만의 PC를 구축했다. 그리고 학교에서 할당해 주었던 온라인 공간에 내 아이디(내 아이디는 신입생 때부터 줄곧 'mulder'였는데, 유치하게 들릴지 몰라도 드라마 <X-파일>의 남자 주인공 이름이다. 그때 내 눈엔 왜 그리도 멀더가 멋져 보였는지!)로 나만의 홈페이지를 만들었다. 어쩌면 그때부터였던 것 같다. 글쓰기가 지금처럼 내 일상으로 스며들기 시작했던 건.

시대의 변화와 더불어 나에게도 일종의 혁명 같은

변화가 찾아왔다. 이른바 '복학생의 신화'라고 불리는 현상이 나에게도 나타난 것이다. 그렇다. 학사 경고를 겨우겨우 면하던 나는 역사상 처음으로 학점 3.4를 넘기며 우수상 명단에 이름을 올렸다. 휴학 전 최고 학점이 복학 후 최저 학점으로 자리매김하는 걸 내 두 눈으로 똑똑히 보고 (그래봤자 B+) 나는 혼자 감동에 겨워 조용히 눈물을 흘리기도 했다. 나는 이를 계기로 자신감을 얻었다. 3년 동안 학업과는 동떨어진 삶을, 어쩌면 정반대의 삶을 살다 온 내가 3년 내내 학업을 이어 온 친구들을 상대로 과연 잘 해낼 수 있을까 하는 의구심이 컸었기 때문이다. 그래서 우수상은 단지 하나의 상이 아니라, 나에게는 할 수 있다는 희망의 메시지로 작용했다. 그리고 나는 어느 한 과목을 수강하면서 4년 전 세포생물학을 들었을 때 느꼈던 생명의 경이로움을 다시 느낄 수 있었고, 조금 더 깊이 연구하고 싶다는 생각을 처음으로 하게 되었다. 그 과목은 바로 면역학이었다.

인생은 만남으로 좌우되지 않던가. 누군가와의 만남은 원한다고 해서 항상 이루어지는 것도 아니고, 뜻하지 않은 시공간에서 운명 같은 만남이 주어지기도 하며, 그로 인해 인생이 송두리째 바뀌는 경험을 하기도 한다. 같은 논리로, 복학 직후 내가 면역학을 수강하지 않았더라면 지금의 내 삶은 없었을 거라고 나는 강하게 믿고 있다. 나에게 자신감만이 아니라 경이감까지 안겨 주었던 면역학은 결국 내가 연구자, 아니 과학자라는 직업을 갖게 만든 초석이 되어 주었기 때문이다. 그리고 그것은 민수와의 뜻밖의 재회를 가져다주기도 했다.

이미 절반 이상의 동기들이 포항을 떠난 상태였다. 96학번이었던 우리 중 상당수가 2000년 2월에 졸업한 뒤 (당시 나는 군대에 있었다), 대학원에 진학하지 않고 다른 길을 찾거나 다른 대학원으로 진학했기 때문이다. 교주 형도 그 가운데 하나였다. 사실 교주 형이 과학자의 길을 걷는다는 건 그 당시에도 상상하기 어려웠다. 나는 미래의 향방을 섣불리 결정짓기 전에 군대를 택했지만, 교주 형은 달랐다. 졸업하자마자 병역특례 제도를 활용해 생물학과는 거리가 먼 컴퓨터공학 쪽 회사에 들어가 일을 시작했던 것이다. 그리고 그 일은 훗날 교주 형의 평생 직업이 된다. 우리 중 가장 먼저 출세한 경우로, 마이크로소프트 코리아에 당당히 입사하여 이후 간부 자리까지 오르게 된다. 참고로 교주 형이 지금으로부터 14년 전, 그러니까 내가 미국으로 박사후연구원을 떠나기 전에 밥을 사 준다며 끌고 나왔던 차가 BMW 700 시리즈였다. 그러나 생물학이 아닌 컴퓨터 공학 관련 직업이 자신의 평생 직업이 될 줄은 교주 형 자신도 몰랐을 것이다. 인생 참 모를 일이다.

　면역학을 재미있게 듣던 어느 날, 교수님이 출장 때문에 수업에 들어오지 못하셨다. 대신 조교가 들어왔는데, 그 조교가 바로 민수였다. 순간 19동 205호에서 같이 먹고 놀던 기억이 스쳤고, 시험 당일 새벽 초집중 모드로 교과서를 들여다보고 있던 민수의 모습이 떠올랐다. 그랬던 녀석이 조교가 되어 교수님을 대신해 당당하게 내 앞에 서 있었다. 교단에 선 모습이 무척이나 잘 어울렸다. 마침 그 날은 진도를 나가지 않고 지난 시간에 본 퀴즈 결과를 알려 주고 질의응답을 받는 시간이었는데, 민수는 교수님보다 더 설명을 잘하는 것 같았다. 아무런 거침이 없었고, 원리와 개념을 정확히 알고 있는 자만이 가질 수 있는 여유마저 유감없이 선보이고 있었다. 그것은 스스로 보여 주고자 애쓰는 형태가 아니었다. 감추려 해도 도저히 감출 수 없는, 마치 주머니 속 송곳처럼 안에서 저절로 삐져나오는 그 무엇이었다. 마치 조교가 아니라 이미 교수가 된 자의 이미지 같았다. 20여 년이 지난 후의 민수 모습을 나는 그날 미리 앞당겨 본 것이다.

그다음 시간, 수업이 끝난 후 교수님이 나를 부르셨다. 표면적으로는 퀴즈 채점 결과 때문이었다. 나는 그 퀴즈에서 10점 만점에 12점을 받았는데, 아마도 교수님이 의도하신 교과서 수준의 답을 넘어서 그 내용을 반영한 연구 논문을 참조하여 답을 작성했기 때문인 것 같았다. 나는 복학생답게 면역학이 신기하고 재미있어서 퀴즈 전날 논문을 찾아 읽었는데, 운 좋게 그게 퀴즈 문제로 나온 것이다. 교수님은 나를 칭찬하시며 본론을 꺼내셨다. 자기 랩에서 연구참여를 해 보지 않겠냐는 제안이었다. 대학생이 된 이후 학업과 관련해 처음 들어 보는 칭찬에 이은 제안이었고, 어차피 4학년 동안은 1년 내내 전공필수인 연구참여를 해야만 했기에, 나 역시 어느 랩에서 할지 고민하던 중이었다. 교수님의 제안은 기막힌 타이밍에 찾아온 것이었다. 그렇게 나는 교수님을 따라 랩으로 첫 발걸음을 옮겼다. 그런데 바로 그 랩에서 나를 반기는 사람이 또 있었으니, 다름 아닌 민수였다. 민수가 석사과정을 밟고 있던 랩이 바로 그 랩이었다. 이런 우연이 또 있을까 싶을 정도로 나는 무언가 운명 같은 이끌림을 느꼈고, 그날 즉시 마음을 정했다. 그리고 그 결정은 앞으로 연구참여 1년, 석박사 통합과정 6년 동안 내가 가장 많은 시간을 보내게 될 장소가 정해지는 순간이 되었다.

4학년이 된 나는 본격적으로 연구참여생이 되어, 수업이 없는 시간이면 대학원생들과 함께 랩에서 시간을 보냈다. 예비 대학원생이 된 셈이었다. 내가 맡은 프로젝트는 민수가 석사과정 동안 수차례 시도했으나 실패로 끝났던 일을 마무리 짓는 것이었다. 놀랍게도 치밀한 민수는 자신의 실패를 발판 삼아 문제 해결을 위한 작전을 다 짜놓고 있었다. 다시 말해, 실행만 하면 성공할 수밖에 없는 계획이었다. 즉, 필요한 건 좋은 머리가 아니라 좋은 손이었고, 때마침 그 시점에 내가 연구참여생으로 들어온 것이었다. 역시 인생은 타이밍이다. 나는 결국 학부생 주제에 그 프로젝트를 1년에 걸쳐 성공시키게 되고, 랩이 세워진 이래 처음으로 녹아웃 마우스(Knock-out Mouse)를 만든 사람이 된다. 덕분에 학부 졸업 때 나는 최우수 논문상의 주인공이 되기도 하였다. 그러나 솔직히 내가 한 건 그저 민수가 짜 놓은 계획을 실행한 것밖엔 없었기 때문에, 학과장이 수여하는 최우수상을 받을 때도 속으로는 떳떳하지 못했던 기억이 난다. 상에는 내 이름이 적혀 있었지만, 그 자리엔 민수 이름이 적혀야 한다고 은연중 믿고 있었기 때문이다. 그리고 그로부터 20여 년이 지난 지금, 그 당시 대학원에 진학하고 박사 학위를 받기까지의 6년이란 세월은 어쩌면 그 상장에 적힌 내 이름 석 자에 대해 나 스스로 떳떳함을 증명하고자 했던 기간이 아니었을까 하는 생각이 든다. 사실 지금도 나는 종종 스스로에게 묻는다. 나는 과학자로서의 정체성에 떳떳한가? 나는 스스로를 과학자라고 부르기에 주저함이 없는가? 그리고 그 질문 앞에서 나는 여전히 머뭇거리고 있다.

본격적인 대학원생 시절로 들어가기에 앞서, 연구찬

여 때 일어났던, 빼놓을 수 없고 또 잊을 수도 없는 에피소드 하나만 소개해 볼까 한다.

연구참여를 본격적으로 시작하던 2002년 1월 무렵이었다. 월드컵을 5개월 앞둔 어느 날, 한 남자가 랩 테크니션으로 일하기 시작했다. 그 남자의 이름은 왕경태였다. 맞다. 당신이 상상하는 바로 그 왕경태. 영심이 친구. 물론, 생긴 건 전혀 달랐다. 안경도 안 썼을뿐더러 고지식하거나 답답한 이미지와는 거리가 아주 멀었다. 오히려 약간 부랑자 같은 느낌도 있었고, 노가다 현장에서 막 튀어나온 사람 같기도 하고, 어쩌면 인생을 초탈한 사람 같기도 했다. 인사 겸 통집에 가서 술 한잔하면서 알게 되었는데, 그는 민수와 나와 동갑이었다. 어인 일로 이 랩에 왔냐는 나의 질문에, 그는 그저 씩 웃어 보일 뿐 명료한 대답을 내놓지 않았다. 수줍었던 것일까, 혹시 어떤 말 못 할 비밀이라도 있는 걸까, 하며 몇 초간 골똘히 생각하고 있는데, 그때 나와 함께 연구참여를 시작했던 후배 지욱이가 눈치 없이 대뜸 되묻는 것이었다. "아니, 그냥 웃지만 말고 말을 하셔야죠, 경태 형!" 지욱이는 까칠함에 있어 타의 추종을 불허

하는 녀석이었고, 이미 조금 취한 듯했기에 지욱이가 어떤 인간인지 이미 알고 있는 우리에게는 당연한 행동이었지만, 왕경태에게는 어떤 반응을 불러일으킬지 내심 궁금했다. 그런데 왕경태는 지욱이를 한번 쓱 보더니 맘에 들었는지 입을 열었다. "음, 도망 나왔어."

갑자기 분위기가 싸해지면서 우리는 무슨 말을 해야 할까 괜스레 오징어 피데기를 만지작거리고 있었는데, 지욱이는 아랑곳하지 않고 자기 앞에 놓여 있던 닭 다리를 물어뜯으면서 말을 이어 갔다. "와, 형 진짜 시원시원하시네요. 그런데 왜 도망 나오셨어요? 교수님이 갈궜나요?" 머릿속에 떠오르나 차마 입 밖으로 내놓지 못하는 말을 하나도 남김없이 대신 다 말해 주는 지욱이가 대단하게 느껴졌다. 그러곤 정작 대답에는 아무런 관심이 없다는 듯 지욱이는 갑자기 일어나 화장실에 다녀온다고 자리를 비웠다. 질문한 사람이 사라진 공간, 그 자리를 관망하던 우리는 당황한 나머지 어찌할 바를 몰라 괜히 안주에 더 집착을 보이고 있었는데, 왕경태는 멀어져 가는 지욱이의 뒷모습을 보며 조용히 이렇게 말하는 것이었다. "그렇다고 해 두지, 뭐." 그 순간 나는 입에 오징어 다리를 문 채, 안경 너머로 슬쩍 엿보았다. 왕경태의 눈을 말이다. 왕경태는 분명 웃고 있었다. 나는 왠지 모를 섬뜩함을 느꼈다.

그날 이후였던 것 같다. 왕경태와 지욱이는 둘도 없는 친구라도 된 듯 늘 함께 다니기 시작했다. 주위에서는 정말 보기 드문 조합이라는 평이 난무했다. 도저히 만날 수 없고, 도저히 함께할 수 없을 것 같은 두 캐릭터가 저렇게 단짝이 되어 다니는 모습을 보고 우린 모두 경악할 수밖에 없었다. 저런 걸 보고 운명 같은 만남이라고 하는 건가 싶었다.

당시 왕경태가 맡은 실험은 랩의 유일한 박사후 연구원이었던 김진주 박사님의 실험을 도와 웨스턴블롯(Western blot)을 공장처럼 돌리는 일이었다. 그 웨스턴블롯은 김진주 박사님이 만들고 계신 여러 세포 라인에서 시간별로, 그리고 약물의 농도에 따라 변화하는 반응을 특정 단백질의 양으로 확인하는 게 목적이었다. 세포 라인이 세 가지만 되어도, 다섯 가지의 시간 조건과 두 가지 약물의 세 가지 농도에 따른 샘플 수는 수십 개가 훌쩍 넘어간다. 그에 따라 웨스턴블롯에 사용될 아크릴아마이드/에스디에스 젤도 최소 9장이 넘어가게 된다. 보통 손이 빠르고 능숙하다고 하는 사람도 한 번에 4장 정도 다루는데, 왕경태는 한 번에 6장씩 두 번, 총 12장을 하루에 처리했다. 지나가던 교수님도, 실험을 부탁한 김진주 박사님도 모두 왕경태에게 그렇게까지 하지 않아도 된다고 말렸지만, 왕경태는 아랑곳하지 않고 "늘 하던 건데요, 뭘." 하며 실실 웃어 넘기곤 했다.

아니나 다를까. 그는 기숙사에도 잘 들어가지 않고 랩 한쪽 구석에 놓인 라꾸라꾸에서 쪽잠을 자며, 보란 듯이 하루 만에 12장의 웨스턴블롯 젤에 대한 현상된 필름을 선보여 모두의 혀를 내두르게 만들었다. 그때 보았던 그 가지런하고 깔끔했던 밴드들의 향연은 그 이후 20여 년이 지난 지금까지 단 한 번도 다시 보지 못한 아름다움이었다. 실험에 일가견이 있던 나조차 감히 넘보지 못할 수준이었고, 사람들은 왕경태를 평할 때 외계인이라는 둥, 철인이라는 둥, 특별한 사람으로 대했다. 그리고 그런 왕경태의 옆에는 늘 지욱이가 있었다. 놀라운 일이었다. 항상 지각에 지각을 일삼던 지욱이를 어떻게 저렇게 단박에 바꿔 놓을 수 있는지 우린 왕경태의 정확하고 빠른 손놀림에 한 번 놀라고, 그의 사람 다루는 기술에 두 번 놀랐다. 왕경태에게는 뭔가 우려를 놓을 수 없게 만드는 묘한 기운이 있었지만, 어쨌거나 왕경태는 표면적으로 랩에 꼭 필요한 인재로 단기간에 자리 잡았다. 교수님도, 김진주 박사님도 말수가 적은 왕경태를 아꼈고, 우리에게 늘 그를 모범답안처럼 제시하곤 하셨다. 그런데 이런 게 다 몇 달 뒤에 있을 비극으로 끝맺게 될 줄은 그땐 정말 몰랐다.

2002년 6월이었다. 월드컵이 한창이던 시절, 우리는 붉은 악마 티셔츠를 입고 지랄발광하며 응원을 했고, 그에 따른 결과인진 몰라도 한국은 결국 4강까지 오르게 된다. 꿈은 이루어진다는 말이 그 짧았던 초여름날 가시적으로 실현되는 걸 보면서 우린 매일 얼마나 신기해했는지 모른다. 그러나 그 와중에도 랩에서는 토요일 오전마다 랩미팅이 이어졌다. 그날은 포르투갈을 1:0으로 이긴 다음 날이었다. 전날 경기를 보고 신이 난 우리는 통집으로 향했고, <손에 손 잡고>를 들으며(그 당시 통집은 자정이 조금 지나면 문을 닫았는데, 그때 항상 <손에 손 잡고> 노래가 흘러나왔다) 통집을 나와 효자시장으로 2차를 갔고, 노래방까지 갔던 것 같다. 기숙사 방으로 돌아왔을 때가 새벽 4시 반 정도였다. 내가 그 시간을 정확히 기억하는 까닭은 시계를 봤을 때 정확히 4시 44분이었기 때문이다. 왜, 그런 적 있지 않은가. 디지털시계에 연달아 같은 숫자가 표시되는 순간, 인상에 강하게 남는 순간의 기억. 그때 나는 미신적으로 꺼림칙하다고 생각하며(하필 숫자가 '4'였기 때문이다. 당시만 해도 '4'는 '죽을 사(死)' 자를 떠올리게 한다고 사람들이 싫어했다) 씻지도 않고 잠들었던 기억이 난다.

랩미팅 시간은 아침 9시 반이었다. 모두들 부스스한 모습으로 겨우 미팅 시간에 맞춰 자리에 앉았는데, 왕경태와 지욱이는 보이지 않았다. 랩에서 자주 잠을 자던 왕경태였기에, 그의 근면 성실함은 의심할 여지가 없는 부분이었기에, 우린 혹시 어디가 아픈가 싶어 걱정하기 시작했다. 우린 5분 정도 더 기다려 보기로 하고 다른 이야기를 나누었고, 나는 잠시 랩을 나가 왕경테와 지욱이에게 전화를 걸었다. 평소 나는 세 번 정도 전화를 걸고 받지 않으면 관두는 편인데, 그날따라 한 번 더 하고 싶어 각자에게 네 번씩 전화를 걸었다. 둘 다 받지 않았다. 불길했다. 새벽에 보았던 4:44가 뇌리를 스쳤고, 나는 얼른 다시 랩에 들어가 교수님께 왕경태와 지욱이가 함께 생활하는 기숙사 방에 잠깐 다녀와 보겠다고 말씀드렸다. 교수님은 그러라고 하셨고, 나는 기숙사를 향해 뛰었다. 뛰기 전부터 이미 내 심장이 쿵쾅대기 시작했다. 기숙사에 도착해 문을 두드렸지만 대답이 없었고, 방문을 밀어젖히니 쉽게 열렸다. 안에는 아무도 없었다. 어젯밤 들어온 흔적도 없었다. 나는 다시 둘에게 전화를 걸었는데, 왕경태의 휴대폰이 방 안에서 울리는 것이었다. 지욱이는 여전히 받지 않았다. 하는 수 없이 다시 랩으로 돌아와 미팅에 참석했다.

미팅이 끝나갈 무렵, 전화 한 통이 걸려 왔다. 지욱이 번호였다. 가슴을 쓸어내리며 전화를 받았는데, 지욱이 목소리가 아니었다. 사무적인 목소리로 자신을 경찰이라고 밝히면서, 최근 통화 내역을 보고 전화한 것이라며 혹시 직장 동료냐고 물었다. 그렇다고 대답하자, 경찰은 잠시 머뭇거리다가 덤덤하게 말을 이었다. 지욱이가 포항 앞바다에서 익사체로 발견되었고, 가족에게 알리기 위해 신원 확인을 해야 하는데 지갑은 없고 백사장에 벗어놓은 옷가지와 휴대폰이 있길래, 이게 가장 빠른 길인 것 같아 전화한 거라고 했다. 순간 나는 다시 4:44가 떠올랐고, 충격을 받은 나머지 잠시 말을 잇지 못했다. 그리고 스피커폰으로 바꾼 뒤 잘 못 들었으니 다시 한번 말씀해 달라고 부탁했다. 그리고 우린 경찰의 사무적인 사망 선고 목소리를 함께 들었다.

　　모두 정신이 나갔던 걸로 기억한다. 경찰은 한마디를 덧붙였는데, "혹시…"라고 하며 운을 뗴었다. 이야기인즉슨 익사체 한 구가 더 있다는 것이었다. 휴대폰이 하나밖에 없어서 혹시 함께 있던 친구가 아닐까 해서 묻는 거라고 했다. 그 순간 나는 직감했다. 그 사체는 왕경태라는 사실을. 왕경태의 휴대폰이 기숙사 방에 있었다는 걸 나는 알고 있었기 때문이다. 우리는 말문을 잃고 곧장 경찰서로 향했다.

그날의 끔찍한 비극을 떠올리는 건 지금도 여전히 고통스럽다. 금지된 영역 안으로, 그 어두운 기억의 방 안으로 다시 스스로 들어간다는 건 내 살을 갉아먹는 행위와도 같기 때문이다. 그러나 이 기억을 이 자리를 빌려 기록해 두지 않고 영원히 망각의 바다에 빠뜨려 놓는 것은 한때 같은 시간, 같은 공간을 함께했던 동료에 대한 예의가 아니라고 생각한다. 왕경태와 지욱이의 그 운명과도 같았던 만남. 비록 비극적인 결말로 치달았지만, 나는 여전히 그들이 그립다. 통집에서 지욱이의 뒷모습을 바라보며 씩 웃던 왕경태의 얼굴엔 내가 미처 몰랐던 무언가가 감춰져 있었던 건 아니었을까. 내가 무언가를 놓쳤던 건 아니었을까. 이젠 아무런 의미가 없다는 걸 알면서도 자꾸만 생각하게 된다.

다른 사람들과는 다르게 기억되고 있는 우리의 월드컵 4강 신화를 뒤로하고, 우린 한동안 먹먹한 마음으로 실험도, 공부도 모두 손에 잡히지 않는 상태로 그해 여름을 보냈다. 그리고 마치 약속이라도 한 듯, 우리 중 그 누구도 바닷가를 찾지 않았다. 나는 왕경태가 남기고 간 모든 실험을 긴급 투입된 민수와 함께 하나둘씩 처리해 나갔다. 그러면서 DNA 클로닝(DNA Cloning)에 이어 웨스턴블롯을 손에 익힐 수 있었다. 비록 젤을 한 번에 4장씩 사용하는 한계를 끝내 넘어서지는 못했지만 말이다.

학부 동기로서의 첫 만남에 이어, 3년 차이가 나는 랩 선후배 관계로서의 두 번째 만남을 시작한 민수와 나는 그 이후 각자 네덜란드와 미국으로 박사후연구원을 떠나기 전까지 줄곧 함께하게 된다. 지금부터는 예비 대학원생이 아닌, 진짜 대학원생 시절의 이야기를 본격적으로 다룰 예정이다. 민수뿐 아니라 시철이도 함께하는 돼지 삼 형제의 슬기로운 대학원 생활을 차차 소개해 보려 한다.

2부

대학원 1, 2년차 시절

다시 19동

　내 시작은 언제나 미약했던 것 같다. 대학원생으로 새로운 삶을 시작하는 그 중요한 순간에 나는 내쫓기듯 다시 닭장에서 살게 되었으니 말이다. 2003년, 나는 7년 전인 1996년 그때처럼 기숙사 19동에서 1년간 살게 되었다. 전혀 반갑지 않았던 19동은 거의 모든 게 그대로였다. 한 가지 큰 차이점이라면, 주 출입구 옆에 있던 공중전화 부스가 사라지고 그 자리에 멋대가리 없이 생긴 음료수 자판기가 한 대 더 들어섰다는 것이다. 새로운 밀레니엄을 지나오면서 휴대전화의 상용화가 가속화되었고, 그에 따라 삐삐는 아무도 사용하지 않게 되었다. 그리고 카세트테이프니 시디로 음악을 듣던 시절도 끝나가고, 대신 아이리버

나 거원 같은 브랜드가 적힌 MP3 플레이어가 대세를 이루었다. 빠른 시대의 변화는 언제나처럼 전자기기의 변천사로 가장 먼저, 가장 화려하게 가시화되고 있었다. 내 기억 속에 남아 있던 19동의 낭만도 마치 지난 세기와 함께 증발해 버린 것 같았다. 그게 못내 아쉬웠다.

2003년 2월, 학부를 졸업하고 곧 시작할 대학원 1학기 수강 신청도 다 마친 상태였다. 문득 외로움이 밀려왔다. 나만 빼고 모든 게 바뀐 듯한 기분에 잠식될 것 같았다. 얼떨결에 면역학 수업을 듣고, 연구참여를 하고, 민수를 다시 만난 덕분에 녹아웃 마우스까지 만들게 되는 등 복학 후 1년 반 동안 너무 급작스럽고 많은 변화를 겪었기 때문이었던 것 같다. 다 소화하지도 못한 채 여전히 목구멍에 무언가가 걸린 것처럼 답답한 마음이 들었다. 내가 경험한 것들이 나 자신과 합일을 이루지 못하고 있었던 것이다. 나에겐 평형 상태가 필요했다. 다시, 나 자신으로 살아갈 준비가 필요했다.

가슴이 뻥 뚫렸으면 좋겠다는 생각이 들었다. 아마

도 19동에 다시 입사했던 첫날이었을 것이다. 나는 어쩐지 바다가 보고 싶었다. 작년 월드컵 시즌 이후 나는 도무지 바닷가 근처에도 갈 수 없었는데, 월드컵 신화와 맞물린 왕경태와 지욱이의 비극 때문이었다. 나뿐만이 아니었다. 유난히도 더웠던 그 여름, 우리는 그 누구도 포항 앞바다에 감히 얼씬도 하지 않았다.

왕경태와 지욱이의 사인은 익사였다. 경찰의 말에 따르면, 그 바다 부근에서는 여름이면 한두 명씩 익사하는 사고가 발생했다고 한다. 그곳에 급류가 형성되어 있어서, 어지간한 수영 실력으로는 절대 헤어 나올 수 없을 만큼 물살이 세기 때문이라고 했다. 그래서 경고문도 설치해 놓고 바리케이드까지 쳐 놨다는데, 그날 새벽 왕경태와 지욱이는 무슨 생각이 들었는지 우리와 함께 노래방까지 갔다가 기숙사로 돌아가지 않고 곧장 바다로 향했고, 하필 그 위험한 구간에서 바다로 들어갔던 것이다. 경고문과 바리케이드를 보지 못했던 건 술에 취하기도 했고, 가망 없을 것 같던 포르투갈전에서 극적인 승리를 거둬 흥에 겨워 있었으며, 마침 그때가 동트기 전이라 잘 보이지 않아 무심

코 지나쳤던 것 같다고 했다. 그러나 여전히 의문이 남는 건, 그들은 왜 갑자기 바다로 향했고 둘 다 그 깜깜한 새벽에 왜 그 속으로 들어갔냐는 것이다. 마치 누가 부르기라도 한 것처럼 말이다. 죽은 사람에게 물어볼 수도 없는 노릇이기에 더 가슴 아픈 사건이었다. 둘의 시신을 확인하던 그 순간에도 내 가슴 한편엔 도무지 풀리지 않는 의문이 납덩이처럼 무겁게 남아 있었다.

수개월이 지나고 계절도 바뀌어 갑자기 혼자 남겨진 것만 같은 외로움이 밀려들던 그날, 내가 바다가 보고 싶었던 건 무의식적으로 내 가슴을 짓누르고 있던 응어리를 풀어내고 싶었던 게 아닐까 싶다. 모든 상실감은 어떤 모양으로든 연결되어 있기 마련이니까.

나는 용기를 내어 왕경태와 지욱이가 마지막 숨을 쉬었던 바로 그 바닷가를 찾기로 했다. 전날 눈까지 내렸던 터라 걸어가는 길이 질퍽해서 바지 밑단이 금세 더러워졌던 기억이 영화의 한 장면처럼 떠오른다. 늦은 오후, 혼자 버스를 타러 가는 길에 민수를 만났다. 기숙사로 들어가는 길인 것 같았다. 어디 가냐는 말에 바람이나 쐬러 바닷가에 다녀오겠다고 했더니, 민수는 눈빛이 바뀌면서 잠시 생각하더니 같이 가자고 했다. 나는 그러자고 대답했다.

버스를 타고 30분 넘게 가는 길. 맨 뒷좌석에 앉아 우리는 이런저런 이야기를 나누었다. 민수와 함께 학교 밖으로 나가는 건 대학 1학년 때 대구로 동기들과 단체 미팅을 딱 한 번 나갔던 이후 처음이었다. 나는 마음이 착 가라앉은 상태였는데, 민수는 그걸 눈치챈 듯 왕경태 얘길 꺼냈다. 들어 보지 못했던 얘기였다. 왕경태가 이전 Y 대학에서 스스로 도망치듯 나와야 했던 이유와 민수가 여러 차례 왕경태를 도와주었던 일에 관한 이야기였다.

왕경태의 이전 지도교수는 이름만 들어도 다 아는, 언론에도 여러 번 등장했던 유명인이었다. 그 실험실에서 왕경태는 꽤 인정을 받았고 장래가 촉망되는 인재였던 듯하다. 충분히 납득이 갔다. 웨스턴블롯을 한 번에 6장씩, 그것도 하루에 두 번이나 달릴 수 있다는 건, 그리고 무엇보다 그렇게 많은 실험을 짧은 시간에 집중해서 소화하고도 깔끔한 결과를 도출했다는 건 결코 아무나 해낼 수 있는 일이 아니었기 때문이다. 문제는 한마디로 교수의 갑질이었다. 언론에 비친 그 교수의 모습은 인자하고 사람 좋은 양 같은 이미지였는데, 민수를 통해 들은 왕경태의 고백에 따르면 그건 그저 가면일 뿐이었다. 그 교수는 늑대였던 것이다.

여러 에피소드를 전해 들었지만, 그중 가장 충격적이었던 건 왕경태가 박사과정에 들어가기 전 1년 동안 그 랩에서 연구원으로 일하면서 만든 결과물을 교수가 모두 다른 제자에게 넘겼다는 사실이었다. 그리고 그 제자는 교수와 교수의 전처 사이에서 태어난 딸이었다고 했다. 왕경태의 말로는 교수와 전처 사이에 모종의 거래가 있었는데, 이혼 위자료와 더불어 딸의 박사 학위를 책임지는 것이 바로 그 거래의 본질이었던 것 같다고 했다. 그 랩 사람들은 그 대학원생의 정체를 아무도 몰랐다고 한다. 그러나 의외로 집요했던 왕경태는(아니, 아마 내가 그 상황에 놓였더라도 마찬가지가 아니었을까) 자기가 만든 결과물을 가로챈 대학원생을 몰래 뒷조사했고, 그리 어렵지 않게 그녀가 교수의 딸이라는 사실을 알아냈다고 한다. 그리고 그 랩을 뛰쳐나온 시점이 바로 그 사실을 알아낸 직후였다고 했다. 왕경태는 더 이상 그런 교수 밑에서 일하고 싶지 않았던 것이다.

언젠가 나도 잡지에서 그 교수가 훌륭한 과학자인 동시에 얼마나 가정적이고 다정한 남편이자 아빠인지 소개하는 짤막한 글을 본 적이 있었는데, 아내가 매우 어려 보여서 어색하다고 느꼈던 기억이 났다. 교수의 나이는 쉰둘이라 적혀 있었고, 아내는 S 대학병원 레지던트 4년 차라고 소개되어 있었기에 적어도 열 살 이상은 차이 나는 것 같았다. 그 둘 사이에는 여섯 살 난 딸과 네 살 난 아들이 있었다는 민수의 말을 듣자마자 잡지에서 봤던 그 교수의 가족사진이 떠올랐고, 그 사진을 보고 느꼈던 뭔지 모를 의아함이 비로소 해소되는 것 같았다. 그 사진 속 아내는 교수의 두 번째 결혼 상대였던 것이다. 그리고 어쨌거나 왕경태는 그 교수의 첫 번째 아내와의 이혼이 남긴 흔적을 없애는 데 이용당한 셈이었다.

민수의 말을 듣고 내 머릿속에서는 여러 가지 생각

이 꼬리를 물고 있었는데, 민수가 다 왔다며 내리자고 하는 바람에 중단할 수밖에 없었다. 버스에서 내리자, 해가 저물기 시작했다. 우린 10분 정도 걸어서 바리케이드가 쳐진 포항 앞바다에 다다랐다. 보란 듯이 경고문이 붙어 있었다. 물론 그날은 2월이라 해수욕장이 폐쇄된 상태였기 때문에 몇몇 사람만이 백사장을 거닐고 있을 뿐이었다. 왠지 숙연해진 민수와 나는 쏴 하며 다가오는 파도 옆을 한참 동안 말없이 걸었다. 겨울 바다는 황량했다.

    그날 밤 나는 오랜만에 숙면을 취할 수 있었다. 이유는 모르지만, 이상하게도 허해진 마음은 그날 이후 언제 그랬냐는 듯 사라졌다. 19동 110호에서 홀로 잠에서 깬 첫날 아침, 일찍 눈이 떠진 나는 실험실에 출근했고 민수를 만났는데, 민수 역시 나와 비슷한 밤을 보낸 것 같았다. 우린 서로만이 알 수 있는 어떤 웃음으로 인사를 나눴다. 뭔가 연대 의식이 생겨난 듯한 기분, 든든한 기분이었다. 이제야 다시 시작할 수 있을 것 같은 느낌이었다. 그렇게 나의 대학원 생활의 서막이 열리고 있었다.

2 클로닝과 녹아웃 마우스

내가 대학원생으로서 랩에서 맡은 첫 번째 프로젝트는 학부 4학년 때 연구참여를 하면서 만들었던 녹아웃 마우스를 확인하고 분석하는 일이었다. 녹아웃 마우스란 특정 유전자를 의도적으로 제거한 돌연변이 마우스를 일컫는다. 권투에서 상대편을 한 방에 쓰러뜨리는 '녹아웃(KO)' 이미지를 차용한 개념이다. 녹아웃된 선수는 링 위에서 다시 일어설 수 없듯이, 유전자를 녹아웃하면 그 유전자는 더 이상 발현되지 않는다.

이미 언급했다시피 나는 민수가 다 짜 놓은 계획대로 거의 손만 놀리면 되는 상황이었다. 그로부터 10년 뒤,

그러니까 2013년만 되었더라도, '유전자 가위'로 널리 알려진 크리스퍼-카스9(CRISPR-CAS9) 시스템을 이용했겠지만, 2002년 당시는 이제 겨우 미국 국립보건원(NIH)을 주축으로 전 세계에서 수년간 진행되었던 '인간 유전체 프로젝트(Human Genome Project)'가 성공리에 끝나던 시기와 비슷하게 맞물릴 뿐이었기에, 우린 전통적인 상동 재조합(Homologous recombination) 방법을 이용할 수밖에 없었다.

우리는 마우스의 모든 DNA 염기서열을 온라인에서 무료로 다운로드할 수 있었고, 우리가 표적으로 정한 유전자의 정확한 위치도 알 수 있었다. 마우스는 사람과 달리 염색체가 40개다. 이름도 모를 수많은 과학자의 노고 덕분에 우린 어떤 유전자가 어떤 염색체 위의 어느 부분에 위치하는지 정확하게 알 수 있다. 그러나 그들의 기능에 대해서는 여전히 밝혀지지 않은 바가 많기에, 그것을 알아내기 위한 가장 확실한 방법으로 그 유전자를 없애 보는 것이다. 예를 들어, 유전자 A가 있다고 하자. A의 기능을 어떻게 알 수 있을까? 일반인에게 이런 질문을 하면 과학자에게 물어보라고 할지도 모르지만, 과학자들은 유전자에게 물어보고 싶어진다. 즉, 소위 전문가라고 불리는 과학자들도 아직 모든 유전자의 기능을 다 알지는 못한다는 게 현실이다. 비록 그들의 염기서열은 다 밝혀냈지만 말이다. 즉, 생긴 건 어떤지 알아냈으나, 도대체 무엇을 하는 녀석들인지는 여전히 오리무중인 것이다. 그래서 과학자들은 A의 기능을 알아내기 위해 보통 두 가지 실험을 계획한다. 하나는 그 유전자의 발현 양을 늘려 보는 것이고, 다른 하나는 그 유전자의 발현 양을 줄여 보는 것이다. 그리고 후자의 방법에서 한 걸음 더 나아가 유전자 자체를 염색체상에서 제거해 버리는 방법이 바로 녹아웃 기법이다.

내가 그로부터 6년간 몸담게 될 그 실험실은 국내에서 녹아웃 마우스를 가장 빠르고 정확하게 만들어 내는 기술을 가진 곳이었다. 민수는 그곳에서 나를 포함한 대학원생들을 지도하고 기술을 전수하면서 선구자 역할을 톡톡히 해내고 있었다. 나는 민수를 따랐고, 민수에게서 많은 걸 배웠다. 민수는 과학자가 아니었다면 과연 무슨 일을 했을까 하는 생각이 자주 들 만큼 진정 타고난 과학자처럼 보였다. 내가 만약 학부 4학년 때 민수를 같은 랩의 선배로 다시 만나지 않았더라면, 과연 나는 과학자의 길을 걷게 되었을까? 아무래도 장담할 수 없을 것 같다. 나는 지금도 민수를 과학 영역에서만큼은 스승이라고 생각한다. 어딜 가서도 대학 동기인 민수를 내 스승이라고 밝히는 데 주저함이 없다. 아니, 자랑스럽게 밝힌다.

녹아웃 기법을 활용하는 이유는 특정 유전자의 생체 내에서의 기능을 밝히기 위함이고, 그 유전자의 기능을 밝히려는 궁극적인 목적은 사람의 질병이나 암 혹은 발생학적인 측면에서 풀리지 않은 문제들을 해결하여 인류의 건강에 이바지하기 위해서다. 그러나 정작 사람에게 이런 실험을 직접 수행할 수는 없기에, 사람과 같은 포유류이면서도 실험 조건에 적합한 마우스가 동물 모델로 자주 사용된다. 마우스는 태어난 지 2달 뒤면 교배가 가능하고, 임신 기간은 3주밖에 안 되며, 수명은 2년 반 정도로 짧아서 한 세대를 압축적으로 관찰할 수 있다. 사람의 80년 인생을 단 2~3년 안에 압축해서 볼 수 있는 셈이다. 게다가 새끼를 한 번에 많게는 열 마리 이상 낳을 수 있고, 가격 또한 저렴한 편이라 현재까지 마우스만 한 동물 모델은 없는 실정이다. 나는 어쩌다 보니 마우스 유전학이라는 첨단 학문을 접하게 되었고, 나도 모르는 사이에 그 분야에서 전문 지식과 경험을 쌓게 되었던 것이다. 역시 인생이란 본인의 의지보다는 누구를, 언제, 어떻게 만나느냐에 따라 결정되는 경우가 더 많은 것 같다.

민수의 계획은 한 치의 오차도 없이 완벽했다. 덕분에 연구참여생이던 나는 수개월에 걸쳐 18킬로베이스페어(kilo-base pair, kbp)에 달하는 표적 벡터(targeting vector)를 만들 수 있었다. 18킬로베이스페어 벡터란, DNA를 이루는 기본 성분인 A, T, G, C 네 가지의 뉴클레오타이드가 1만 8천 개의 길이로 만들어진 DNA 구조물을 말한다. 이렇게 완성한 원형 벡터를 선형으로 만든 뒤, 마우스의 배아줄기세포 안으로 전기 자극을 주면서 강제로 넣어 주면, 표적 유전자가 있는 염색체 부위에 위치하게 된다. 이는 벡터 안에 우리가 녹아웃시키고자 하는 부분 좌우로 염기서열이 똑같은 수천 베이스페어의 상동 DNA 조각이 있기 때문이다. DNA는 같은 염기서열을 가진 DNA가 앞에 놓이면 그 부위를 제외한 나머지, 그러니까 염기서열이 다른 부위를 서로 바꿔치기하는 특성을 가진다. 과학자들은 이런 특성을 활용하여 유전자 녹아웃 기법을 고안해 낸 것이다. 자연에 존재하는 물질의 특성을 알아내고, 그것을 응용하여 기존에는 범접할 수 없었던 미지의 영역으로 발을 들여놓을 수 있게 문을 열어 놓는 것. 과학자의 즐거움과 기쁨은 바로 이런 데에 있지 않을까. 그리고 기초과학자의 필요성도 이런 데서 찾을 수 있지 않을까.

작은 성공에서 비롯된 자신감은 그 일을 지속할 수 있게 해 주는 버팀목이 되어 주며, 때로 그만두고 싶어지는 순간에 다시금 동기를 부여해 주기도 한다. 설사 그 일이 결국 실패로 끝나는 한이 있더라도 말이다. 대학원 생활을 시작하면서 나는 몹시 들떠 있었던 듯하다. 다른 대학원 동기들에 비해 꽤 성공적인 출발을 했기 때문이다. 그땐 몸도 마음도 연구에 푹 빠져 지냈다. 모든 게 수월하게 풀릴 것만 같았다. 마치 황금알을 낳는 거위를 품에 안은 듯한 기분이었다. 아니, 그 거위를 타고 하늘을 훨훨 날 수 있을 것만 같았다.

민수가 머리로 계획하고, 내가 손으로 만든 녹아웃 마우스는 다행히도(정말 다행이었을까?) 멘델의 법칙에 상응하며 건강하게 태어났다. 우린 피씨알(PCR)과 서던블롯(Southern blot)을 통해 이를 확인할 수 있었다. 서던블롯은 방사능원소를 사용해야 하기에 번거롭고 위험하기도 해서 요즈음은 굳이 할 필요가 없어졌지만, 당시만 해도 녹아웃 마우스 확인용으로 꼭 필요한 실험이었다. 민수와 함께 원하던 밴드를 확인했을 때 느꼈던 감동은 이루 말할 수 없었다. 아무리 예상했다 하더라도 그 결과를 직접 두 눈으로 보게 되는 건 전혀 다른 차원의 일이기 때문이다.

다만 한 가지 아쉬웠던 건, 눈으로 보기에는 녹아웃 마우스가 정상 마우스와 전혀 달라 보이지 않았다는 점이다. 만약 녹아웃시킨 유전자가 발생 과정에서 중요한 역할을 한다면, 그 녹아웃 마우스는 배아 단계에서 죽어 태어나지 못하게 된다. 실제로 민수가 직접 만든 녹아웃 마우스와 돼지 삼 형제 중 가장 맏이였던 시철이가 만든 녹아웃 마우스는 모두 태어나지 못했다. 그렇게 태어나지 못하면 할 수 있는 실험이 매우 제한되기 때문에 연구자로서는 난감한 상황에 처하게 된다. 그런 의미에서, 내가 만든 녹아웃 마우스는 잘도 태어났으니 다행이라 할 만했다. 그러나 결국, 그 다행은 다행이 아닌 것으로 나중에 판명이 나게 된다.

어느 날이었다. 내가 녹아웃시킨 유전자의 예상 기능을 테스트하기 위한 첫 실험을 하던 날, 나는 그 어느 때보다 긴장했던 것 같다. 그 실험 역시 방사능원소를 이용하여 세포의 분열을 측정하는 실험이었다. 정상 마우스의 세포와 녹아웃 마우스의 세포에 똑같은 자극을 주고, 각각 어떻게 반응하는지 차이를 살펴보는 게 목적이었다. 그 실험은 당일치기로 결과를 확인할 수 있는 것이 아니었다. 시간대별로 세포의 분열 정도를 확인해야 했기에, 3일에 걸쳐 하루에 한 번씩 세포를 거둬들여 방사능의 양을 수치화하는 방식으로 진행되었다.

첫째 날 결과를 확인하던 그 순간을 나는 지금도 잊지 못한다. 예상했던 대로 녹아웃 세포의 분열 횟수가 정상 세포에 비해 현저히 적었던 것이다. 나는 가장 먼저 민수에게 결과를 보여 줬고, 민수는 그럴 줄 알았다는 듯 나보다 더 기뻐해 주었다. 교수님께서도 매우 기뻐하셨다. 내 기억으로는, A4 용지 한 장에 프린트된 그 결과지를 손에 쥐고 어린아이처럼 껑충 뛰셨다. 나도 무척이나 기뻤는데, 그 기쁨의 이유는 아마도 서로 조금씩 다르지 않았을까 싶다. 이제 막 대학원생이 된 내가 기뻐했던 건 그저 내 손이 잘 작동했고 실험을 깔끔하게, 누가 보더라도 인정할 수밖에 없는 결과를 만들어 냈기 때문이었다. 다른 말로 하자면, 선배 대학원생들이나 박사후연구원들만큼이나 멋진 성과를 냈다는 뿌듯함이라고 해도 좋을 그 어떤 것이었다. 한편, 민수가 기뻐했던 건 아마도 자기가 여러 차례 만들려고 시도했던 녹아웃 마우스의 표현형을 마침내 확인하고 감회가 새로웠기 때문이지 않았을까 싶다.

아마도 교수님은 가장 현실적인 미래를 그려 보고 계셨을 거라는 생각이다. 지금도 별반 다르지 않지만, 그때만 해도 《셀(Cell)》, 《네이처(Nature)》, 《사이언스(Science)》라는 3대 과학 저널에 논문을 싣는 것이 모든 기초과학자에게는 꿈이자, 일종의 보상된 성공처럼 여겨셨다. 키가

작으셨던 교수님이 공중에 붕 떠오르셨다가 착지하기까지 0.1초도 걸리지 않았던 것 같지만, 착지하시고 나서 가장 먼저 하신 말씀이 "이건 셀이야, 셀!"이었던 것으로 미루어 보아, 교수님은 나와 민수가 만든 녹아웃 마우스로 《셀》에 투고할 만한 논문이 나올 수 있으리라 확신하셨던 듯하다. 민수와 나는 그 말씀을 듣고 덩달아 들뜬 마음이 되었던 기억이 지금도 생생하다.

교수님은 이미 미국에서 박사후연구원을 마치고 귀국하실 때 첫 저자로 《셀》에 한 편, 《네이처》에 두 편의 논문을 게재하신 경험의 소유자였기에, 교수님의 입에서 나온 "셀!"이라는 그 한마디는 민수와 나에게는 마치 잔잔한 호수에 커다란 파문이 이는 듯한 울림을 주었다. 그리고 가까운 미래에 실제로 일어날 일 같은 예언처럼 느껴졌다. 그날 밤 나는 얼마나 흥분했던지 잠도 제대로 이루지 못했다.

지금 생각해 보면, 그날 우리의 환희는 정말이지 완벽한 해프닝이었다. 그 상황에 있었다면 그 누구도 이의를 제기할 수 없었으리라 생각한다. 일주일이 지나고, 실험의 재현을 위해 나는 다른 번호가 매겨진 녹아웃 마우스를 가지고 동일한 실험을 반복했다. 이미 결과를 알고 하는 실험이었던 까닭일까. 실험하는 내내 내 얼굴은 싱글벙글했다. 입이 양쪽 귀밑까지 찢어졌다고 해야 할까. 무슨 얘기를 해도 나는 웃어젖힐 수 있는 상태였다.

그다음 날, 나는 일주일 전에 했던 실험 결과와 똑같은 패턴이 나올 것이라 예상했건만, 결과는 정반대를 말하고 있었다. 녹아웃 세포가 정상 세포보다 더 많이 분열하는 양상을 보이고 있었던 것이다. 이상했다. 가장 먼저 할 수 있는 합리적인 추론은 내 손을 탓하는 것이었다. 즉, 내가 나도 모르는 사이에 정상 세포와 녹아웃 세포를 뒤바꿔서 결과가 반대로 나왔다는 추론이었다. 민수와 교수님도 같은 생각이었고, 나는 그 가능성을 따지기 위해 실험에 사용된 세포로부터 DNA를 추출하여 내가 녹아웃시킨 유전자가 위치한 염색체 부위를 PCR로 확인했다. 그러나 PCR 결과는 내가 두 세포를 바꾸지 않았다는 사실만을 증명할 뿐이었다. 젠장. 틀렸기를 바랐건만, 내 손은 정말 정확했다! 내가 실수했기를 그토록 간절히 바랐던 적은 없었다. 현기증이 일었다. 도대체 무슨 일이 벌어졌는지 알 수가 없었다.

며칠 뒤, 나는 다른 번호가 매겨진 녹아웃 마우스를 이용해 동일한 실험을 세 번째 반복하게 된다. 정상 세포와 절대 뒤바뀌지 않도록 각별히 신경 쓰면서 말이다. 결과는 또다시 예측을 벗어났다. 세 번째 실험 결과는 녹아웃 세포의 분열이 정상 세포의 분열과 아무런 차이가 나지 않는 걸 담담하게 보여 주고 있었다. 세 번 실험했는데, 세 번 다 결과가 달랐다. 재현되지 않는 결과는 신뢰할 수 없으며 증거로 사용할 수도 없다. 충격이었다. 멘붕이 왔다. 그렇다면 우리가 첫 번째 실험 결과를 손에 쥐고 껑충껑충 뛰며 찬란한 핑크빛 미래를 그려 본 것은 모두 일장춘몽이었다는 말인가. 허무했다. 허망했다. 마치 바보가 된 듯한 기분이었다.

다음 날 아침 나는 시무룩한 표정으로 랩에 출근했다. 민수와 진지한 표정으로 토론 중이시던 교수님이 내 얼굴을 보자마자 와 보라고 하셨다. 그러곤 그 이상한 현상을 과학적으로 해결하는 설명을 들려주셨다. 문제는 단순했다. 마우스 백그라운드(유전적 배경)의 불일치. 문제는 내 손이 아니었다. 그것은 나로서는 전혀 생각해 낼 수도 없는 영역의 문제였다. 오로지 마우스 유전학과 면역학에 관한 깊은 지식을 갖춘 과학자들만이 가질 수 있는 혜안이었다.

녹아웃 마우스를 만드는 과정에는 서로 다른 유전적 배경을 가진 두 라인의 마우스가 사용된다. 쉽게 말해서 첫 녹아웃 마우스를 얻게 되면, 그 마우스는 서로 다른 두 유전적 배경이 섞여 있는 상태가 된다. 서로 다른 유전적 배경은 동일한 자극에도 서로 다른 반응을 보일 수 있다. 사람의 경우, 거의 모든 개인의 유전적 배경이 다르다. 근친상간을 윤리적, 법적으로 금하고 있기 때문이다. 반면, 실험용 마우스는 보통 근친교배를 통해서 유지된다. 이를 근교계(inbreed)라고 한다. 실험의 재현성을 확보하기 위해 유전적 배경을 똑같이 맞추려는 목적에서다. 내가 사용한 마우스는 녹아웃 마우스의 첫 세대였던지라, 당연히

129라는 라인과 C57BL/6이라는 라인의 유전적 배경이 섞여 있었다. 경험이 많으신 교수님은 이런 사실을 이미 알고 계셨지만, 내가 진행했던 실험으로 테스트한 세포의 기능마저 이러한 유전적 배경에 강한 지배를 받을 줄은 예상하지 못했다고 하셨다. 유전적 배경이 다르다고 해서 모든 게 다르지는 않기 때문이다(사람은 모두 유전적 배경이 다르지만, 임신 기간도 같고, 발생 과정도 같지 않은가). 즉, 이 실험은 해 봐야 아는 것이었다. 혹시나 했던 우려가 역시나로 끝난 상황이었다.

그 설명을 듣고 두 가지 감정이 들었다. 먼저, 궁금증이 말끔히 해소되는 기분. 교수님의 경험과 지식에 감동했고, 나도 언젠가는 저런 노련미를 갖춘 과학자가 되어야겠다고 다짐했다. 둘째, 여전히 허무한 기분. 머리로는 다 이해가 되었어도, 마음으로는 여전히 무언가 남아 있는 듯한 찜찜함을 느끼지 않을 수 없었다. 아마 너무 크게 흥분했던 탓이었을 것이다. 그날 나는 민수와 평소보다 조금 일찍 퇴근한 뒤, 통집에 가서 맥주 한잔하며 그 찜찜함을 훌훌 털어 버렸다. 비록 큰 꿈이 무너지는 듯한 황망함에 휩싸였던 일이었지만, 민수와 나는 이 경험을 통해 어디서도 배울 수 없는 값진 가르침을 얻었다. 그리고 우리는 더 강해져 갔다.

실험 그리고 또 실험

마우스 백그라운드 문제로 벌어졌던 큰 해프닝 덕분에 나는 실험 과학자로서 무엇이 중요한지, 어디에 중점을 두어야 하는지 깨닫게 되었다. 이는 결코 교과서나 수업만으로는 배울 수 없는 것들이었다. 이 깨달음은 이후 내가 과학자로서의 경력을 하나씩 쌓아 나가는 데 든든한 초석이 되었다. 잊지 않고자 간략하게나마 여기에 기록해 두기로 한다. 이제 막 과학자의 길을 걷기 시작한 분들에게는 조금이나마 도움이 되지 않을까 하는 바람으로 말이다.

첫째, 실험은 정확해야 한다는 것. 예상되는 결과를 만들려고 애쓸 게 아니라, 누가 봐도 신뢰할 만한 실험 디자인과 방법 그리고 결과를 위해 애써야 한다. 정확하다는 건 단순히 틀리지 않는다는 걸 의미하지 않는다. 오히려 정확한 실험은 과학자의 자세와 직결된다. 과학자도 과학자이기 이전에 인간이기 때문이다. 양심을 가지고 옳고 그름을 본능적으로 아는 인간. 그럼에도 자신의 이익을 위해서라면 양심도, 윤리도, 정의도 모두 저버릴 수 있는 인간. 그렇기에 실험 생물학자에게 정확한 실험이란, 단순히 손이 뛰어나다는 사실을 넘어서 인간으로서의 제약을 뛰어넘는, 어떤 초월적 이미지마저 느껴지게 하는 행위이다. 성공한 실험 과학자는 많아도, 신뢰할 만한 실험 과학자는 적다는 말에는 뼈가 있다. 만약 내가 두 번째 실험 결과를 얻은 뒤 무언가 잘못됐음을 알고도 검증 실험을 하지 않고, 개연성만을 근거로 하지도 않았던 실수를 한 것처럼 믿어 버렸다면, 그리고 민수와 교수님께도 정상 세포와 녹아웃 세포가 뒤바뀌었던 거라고 말해 버렸다면, 과연 어떤 일이 벌어졌을까? 나는 그 뒷일을 감당할 수 있었을까? 돌이켜 보면, 내가 그 해프닝 속에서 가장 잘했던 일은 방사능원소를 이용해 측정한, p값(p-value, 유의 확률)이 거의 0에 가까울 정도로 정밀했던 세포 분열 정도의 비교가 아니라,

내가 얻은 결과를 의심하고 정말 맞는지 스스로 검증하며 객관적인 답을 찾아낸 데 있지 않았을까? 실제로도 교수님의 나에 대한 신뢰도는 이 검증 실험 이후 급상승했다. 중요한 실험을 믿고 맡길 수 있는 사람이 된 것이다. 실험 과학자에게 이보다 더한 신뢰의 표현이 또 있을까?

둘째, 정확한 실험을 수행하기 이전에 정확한 실험 계획을 세우고 준비해야 한다는 것. 어떤 실험이든 시작하기 전에 완벽한 준비를 갖춰야 한다. 나는 그 사건 이후로 실험을 앞두고 반드시 시뮬레이션을 먼저 진행한다. 일종의 사고실험과 비슷하다. 머릿속으로 동선을 그려 보면서 가상으로 실험을 진행해 보는 것이다. 처음부터 끝까지 움직이지 않고 한자리에서만 실험하는 경우는 드물다. 적게는 옆 테이블로, 많게는 옆 실험실 혹은 옆 건물로 이동해야 할 때가 많다. 나는 시뮬레이션을 하면서 실험에 필요한 장소에 미리 가 본다. 사용할 기계에 문제는 없는지, 필요한 시약이 떨어지진 않았는지 미리 확인한다. 천하의 마스터 핸드(master hand)도 실험 시 사용할 재료가 준비되어 있지 않으면 아무런 결과를 도출하지 못한 채 시간과 자원만 낭비하는 꼴에 이르게 된다. 별거 아닌 것 같은 이러한 준비 과정은 누구나 할 수 있지만, 모두가 실천하는 것은 아니다. 지금은 베테랑 실험 과학자가 되어 있는 나는 여전히 이 철칙을 준수하고 있다.

셋째, 정확한 실험 계획과 준비 과정 이전에 정확한 실험 디자인이 선행되어야 한다는 것. 아무리 실험 계획을 잘 세우고 준비를 완벽히 할 줄 알아도, 잘못된 혹은 오류가 있는 실험 디자인으로는 그 어떤 성실함과 공교함도 신뢰할 만한 결과로 이어지지 않는다. 정확한 디자인은 지식과 경험이 겸비되어야만 해낼 수 있다. 이는 어쩌면 앞서 언급한 두 가지보다 더 상위의 능력이라 할 수 있다. 무엇을 증명해야 하는지 명확히 파악해야 하고(지식), 그것을 위해 어떤 실험이 가능한지 알아야 하며(경험), 그 실험을 하려면 어떤 조건이 필요한지, 어떤 한계를 가지는지, 어떤 결과가 나올 것이며 어떻게 해석해야 하는지 등을 줄줄이 꿰고 있어야 한다. 이 세 번째 능력은 독립연구자(Independent Principle Investigator)가 되어 하나의 랩을 책임질 지도자가 되기 위한 필수 전제 조건이기도 하다. 이것은 지금 나에게도 여전히 부족한 자질일지 모르겠다. 그러나 민수는 대학원생일 때부터 이미 이 자질을 완벽히 갖추고 있었다.

몇 주 뒤, 민수도 자신이 맡았던 녹아웃 마우스를 만들어 낸다. 당시 우리 랩에서는 각자 하나씩 표적 유전자를 맡아 녹아웃 마우스를 만들고 있었다. 내가 녹아웃시킨 유전자는 면역학과 관련된 녀석이었는데, T세포의 세포막에서 단백질로 발현되는 유전자였다. 한편, 민수가 표적한 유전자는 이미 발생학적으로 중요하다고 알려져 있었고, 다른 동물 모델인 제브라피시(Zebrafish)에서 표현형도 보고된 바 있었다. 그래서 민수는 처음부터 전통적인 녹아웃 방식뿐만 아니라, 조직 특이적으로 유전자를 녹아웃할 수 있는 조건부 녹아웃 마우스까지 동시에 만들었다. 녹아웃 마우스가 태어나지 못하고 배아 상태에서 죽을 가능성이 크다고 예상했기 때문이었는데, 결과적으로 민수의 예상은 정확히 맞아떨어졌다. 민수가 동시에 만들었던 조건부 녹아웃 마우스(수정란에서부터 녹아웃된 상태로 발생하여 모든 세포가 녹아웃 세포가 되는 시스템이 아니라, 우리가 원하는 특정 조직에서만 녹아웃되는 시스템이다)는 수개월 후 랩 구성원들에게 나누어져 각자가 맡은 조직에서 해당 유전자를 녹아웃하는 실험을 수행하게 된다. 아, 이 조건부 녹아웃 마우스가 없었더라면, 우리 랩은 과연 연구비와 인력이 부족했던 그 시대에 살아남을 수 있었을까?

참고로, 내가 만든 녹아웃 마우스는 안타깝게도 너무나 '정상'이었다. 생체 밖, 그러니까 벤치에서 이뤄지는, 배양된 세포 수준에서는 꽤 비중 있는 역할을 하는 것 같았으나(실제로 그랬고, 그랬기 때문에 녹아웃 마우스를 제작하게 된 것이었다) 생체 내에서는 '없어도 되는(dispensable)' 유전자였던 것이다. 아니, 없어도 되는 유전자라니? 이게 무슨 말인가 싶을지도 모르겠다. 사실, 없어도 되는 유전자는 없다. 그러나 막상 없어졌을 때 다른 유전자가 그 자리를 대신하여 충분히 기능할 수 있기 때문에 없어도 된다는 표현을 사용할 뿐이다. 다시 말해, 내가 그 유전자를 녹아웃했지만, 마우스의 몸 안에서 무슨 일이 벌어졌는지는 정확히 몰라도, 다른 유전자가 녹아웃된 유전자의 기능을 대신하여 마치 아무런 일이 벌어지지 않은 것처럼, 마치 정상인 것처럼 시스템을 돌아가게 만든 것이다. 우리 몸은 이렇게 무언가가 결핍된 상황을 맞으면, 과학자들도 아직 잘 모르는 플랜 B 혹은 백업 시스템을 작동시켜 몸의 항상성을 유지한다. 생명의 신비다. 하지만 동시에 그 메커니즘을 밝히고자 하는 생물학자들에게는 고역이 되기도 한다.

그렇다면 이렇게 물을지도 모르겠다. 유전자를 꼭 그렇게 어렵사리 녹아웃을 해 봐야 그 유전자가 '없어도 되는지' 알 수 있는 거냐고. 나의 대답은 이러하다. 유일한 방법은 아닐지 몰라도, 녹아웃이 가장 확실한 방법이라고. 그러므로 내가 제작한 녹아웃 마우스가 너무나도 정상이었던 것은 그 누구도 예상할 수 없었던 일이며, 그렇게 어렵사리 녹아웃하는 과정을 거쳤기 때문에 그 유전자가 생체 내에서는 '없어도 된다는' 사실을 밝혀낼 수 있었다고 생각한다. 똑같은 노력이 들어갔지만, 어떤 녹아웃 마우스는 태어나지도 못한 채 배아 상태로 죽어 버리고(이 경우 그 마우스를 제작한 과학자는 할 수 있는 실험이 거의 없어 난감해지며, 그 유전자의 구체적인 기능을 밝혀낼 수 없게 된다), 또 어떤 녹아웃 마우스는 정상 마우스와 다를 바 없는 상태로 태어나기도 하는 것이다(나의 경우처럼 몇 가지 실험을 정성 들여 수행해 보지만, 결국 밝힐 수 있는 건 그 유전자는 '없어도 되는' 녀석이었다는 사실밖에 없다). 두 경우 모두 그 녹아웃 마우스를 제작한 과학자에게는 커다란 허망함을 안겨 주게 된다. 그러므로 우리 같은 마우스 유전학자들이 가장 선호하는 녹아웃 마우스는 태어나긴 태어나되, 성체(마우스는 태어난 지 두 달이 되면 임신 가능한 성체가 된다)가 되고 얼마 지나지 않아 질병이나 암으로 죽는 경우라 할 수 있다. 해 볼 수 있는 실험도 많고, 그 실험들을 통해 유전자의 구체적인 기능을 밝혀낼 수 있으며, 동시에 그 유전자는 '없어서는 안 될(indispensable)' 굉장히 중요한 녀석이었다는 사실까지 증명해 낼 수 있기 때문이다. 그러나 안타깝게도 이런 선택은 과학자들이 의도할 수 있는 영역이 아니다. 예측은 어느 정도 가능하지만 절대 장담할 수는 없기 때문이다. 멈추면 비로소 보이는 것들이 있다고 했던가. 녹아웃을 해 봐야 비로소 알 수 있는 것들도 있다.

그 이후, 랩에서는 녹아웃 마우스들이 줄줄이 만들어졌다. 총 일곱 라인이 제작되었는데, 그중 세 라인은 배아 단계에서 죽어 태어나지도 못했고, 나머지 네 라인은 '정상' 마우스와 다를 바 없었다. 랩 구성원들 모두가 2년 넘게 공들였던 일들이 별다른 성과 없이 허망함만을 남긴 채 역사의 뒤안길로 사라지게 된 것이다. 이 가운데, 민수가 추가로 만든 조건부 녹아웃 마우스만이 랩의 유일한 희망으로 자리 잡게 된다.

여기서 시철이의 일화를 소개하지 않을 수 없다. 앞서 언급했듯 시철이가 만든 녹아웃 마우스도 태어나지 못했는데, 이런 상황에서 가장 먼저 확인해야 하는 건 그것들이 어미의 뱃속에서 언제 죽는지를 파악하는 일이다. 마우스의 임신 기간은 약 3주다. 상식적으로도 알 수 있듯이, 녹아웃 마우스가 임신 후반부에 죽는다면 그나마 할 수 있는 실험들이 생긴다. 비록 배아 상태이지만 상대적으로 크기도 크고 대부분의 장기가 고루 형성되어 있기 때문이다. 이와 반대로, 수정란 형성 후 녹아웃 마우스가 죽는 시점이 빠르면 빠를수록 과학자들이 할 수 있는 실험은 점점 더 줄어든다. 불행하게도 시철이의 녹아웃 마우스가 딱 이런 경우에 속했다. 수정란 형성 후 단 6일 만에 죽었기 때문이다. 이때 6일이라 함은, 수정란이 2의 제곱승으로 세포 분열을 겪다가 겨우 어미의 자궁에 착상한 직후를 의미한다. 즉, 시철이가 표적한 유전자는 착상 전에는 없어도 별문제가 없지만, 착상 후에는 발생 과정을 지속할 수 없을 만큼 없어서는 안 되는 존재였던 것이다. 시철이의 녹아웃 마우스는 그나마 우리가 머릿속에 그려 볼 수 있는 마우스의 배아 형태를 띠기도 전에 죽어 버렸다.

자신이 만든 녹아웃 마우스가 배아 상태에서 죽을 줄 몰랐던 시철이는 첫 잡종 교배한 새끼들의 DNA를 검사하고는 녹아웃 마우스가 없다는 사실을 두 번 연거푸 확인했고, 수정 후 18일부터 3일씩 거꾸로 거슬러 올라가 15일, 12일, 9일, 6일까지 가서야 녹아웃이 존재한다는 사실을 꿋꿋하게 알아냈다. 3일씩 거슬러 올라가는 동안 시철이의 얼굴빛은 점점 어두워져 갔고 말수도 줄어들었다. 늘 사람 좋게 허허대며 랩의 윤활제 역할을 하던 녀석이었는데, 그랬던 시철이가 그 한 주 동안 입을 다문 것이었다. 시철이는 점점 작아지는 배아의 크기에 한숨을 쉬었고, 현미경이 없으면 도저히 볼 수 없는 상태까지 이르러서야 간신히 녹아웃의 존재를 발견하였을 땐 거의 울상이 되어 있었다. 아직도 시철이의 한 맺힌 한마디가 아련하게 떠오른다. "영웅아… 너무 작아. 너어어어무 작아." 그러자 이미 이런 단계를 거친 민수가 옆에서 한마디 거들었다. "그치… 너어어어무 작지. 흑흑." 그 옆에 서서 녹아웃해도 멀쩡한 마우스를 만들었던 나도 한마디 했다. "차라리 작았으면 좋겠어. 내 건 너무 정상이야." 그날 우리 돼지 삼 형제는 1차로 통집, 2차로 여우웃음을 찾았다. 눈치 빠른 여우웃음 사장님은 우리 돼지 삼 형제를 보시고는 막걸리 한 사발씩을 서비스로 내주셨고, 우린 각자가 만든 녹아웃 마우스에 대해 하염없이 하소연을 늘어놓았다. 모두가 아름답고 근사한 표현형을 기대했건만, 우리 중 그 누구도 도와주지 않은 하늘을 원망하면서 말이다.

그런데 여우웃음 사장님이 뜬금없이 왕경태 얘기를 꺼내시는 거였다. 2002년 월드컵 포르투갈전 하루 전날 왕경태와 지욱이가 여우웃음에 왔었는데, 사장님이 안주를 가져다주자 지욱이가 대뜸 이런 말을 건넸다고 한다. "사장님, 내일 포르투갈전에서 우리나라가 이기면 어떻게 되는 줄 아세요? 이기면 좋겠죠?" 대형 스크린이 있었기에 포르투갈전을 대비해 미리 맥주와 소주를 잔뜩 준비해 놓은 사장님은 별생각 없이 웃으며 "당연하지, 그걸 왜 물어?"라고 되물었다고 했다. 그런데 그 말을 듣고 있던 지욱이와 왕경태가 갑자기 울 것 같은 표정을 지었다는 거였다. 그리고 알다시피 그로부터 이틀도 채 지나지 않아 그 둘은 죽음을 맞이했다. 사장님은 지금까지도 그 둘의 표정이 마음에 남아 꿈에도 여러 번 나왔다고 하셨다. 왕경태와 지욱이 얘기가 나와서 우리 돼지 삼 형제는 사뭇 진지해졌지만, 사장님의 그 말에는 큰 의미를 두지 않았고, 마침 가게 영업 마감 시간이 되어 각자 기숙사로 돌아갔다. 기숙사 방에 들어온 나는 자기 전 늘 하던 대로 내가 만든 홈페이지를 확인했다. 그런데, 평소에는 잘 보이지 않던 쪽지 하나가 눈에 들어왔다. 지욱이가 포르투갈전 하루 전날 보낸 것이었다. 갑자기 심장이 쿵쾅거렸고, 나는 곧바로 쪽지를 클릭해 단숨에 읽었다. 쪽지의 내용은 마침 여우웃음 사장님이 들려주셨던 지욱이의 질문과 같았다. "형, 포르투갈전에서 우리나라가 이기면 어떤 일이 벌어지는 줄 아세요? ㅋㅋㅋ ㅜㅜㅜ." 내 눈은 'ㅋㅋㅋ'와 'ㅜㅜ

ㅜ'에 꽂혔다. 여우웃음 사장님이 보셨다던 왕경태와 지욱이의 울 것 같은 표정이 눈앞에 그려지는 듯했다. 하지만 나는 너무 피곤했던 나머지, 쪽지의 내용을 의아해하면서도 그만 잠이 들고 말았다.

한밤의 실험실

생물학 대학원 생활은 출퇴근 시간이 정해져 있지 않다. 흔한 직장인처럼 아침 9시에 출근하고 저녁 6시에 칼퇴근한다고 생각한다면 큰 오산이다. 대학원생들의 출근은 보통 아침 9시쯤 이뤄지지만, 그건 어디까지나 특별한 실험 스케줄이 잡히지 않았을 때의 얘기다. 피치 못할 사정으로 전날 밤늦게 실험이 끝났다면 아침 9시 이후에 출근할 수 있고, 아침 일찍 실험 스케줄이 잡혔다면 새벽에도 출근할 수 있다. 퇴근도 마찬가지다. 대부분 저녁 6시쯤 퇴근하지만, 그건 어디까지나 저녁 식사 시간이기 때문이다. 그러므로 저녁 6시 퇴근은 1차 퇴근이다. 특별한 일정이 없다면 대학원생들은 저녁 먹고 한두 시간 뒤에 다시 랩으로 출근한다. 그리고 밤 10시에서 11시 정도에 진짜 퇴근을 한다. 즉, 자고 먹고 씻는 시간 외에는 랩에 온종일 붙어 있다고 생각하면 된다. 적어도 내가 대학원생이던 시절에는 그랬다. 물론 20여 년이 지나 미국 생활을 10년 넘게 하고 온 나로서는 그 시절의 대학원생 일과가 다분히 한국 특이적인 문화와 긴밀하게 연결되어 있다는 사실을 알게 되었지만 말이다. 월화수목금토일이 아니라 월화수목금금금이라는 우스갯소리는 당시 한국 대학원생의 일과를 단적으로 말해 준다고 해도 과언이 아니었다. 그리고 그렇게 많은 시간을 랩에서 일한다고 해서 초과 수당을 받는 기회는 주어지지 않았다. 하지만 그것은 열정페이 따위로 일축할 수는 없는 노릇이었다. 거기엔 자발적이고 순수한 열정이 늘 함께 머물렀기 때문이다. 단, 랩을 이끄는 리더는 대학원생들의 이런 순수한 열정을 이용하려고 해서는 안 되며, 대학원생들은 월급에 연연하지 않고 박사 학위를 받기 전에 이 순수한 열정에 꼭 빠져 보아야 한다고 생각한다.

2004년이 되고 대학원 2년 차가 되면서 나는 실험

실 막내 역할을 갓 들어온 두 대학원 신입생에게 양도할 수 있었다. 김효영과 윤수준. 효영이는 나처럼 학부생 때 군대를 다녀온 97 복학생이었고(지욱이 동기이기도 했다), 수준이는 민수처럼 박사특례를 신청한 00학번 후배였다. 이 둘은 각자 확실한 캐릭터로 랩에서 금방 자리를 잡게 되는데, 효영이는 마치 체육학과 학생 같은 포스를 풍기며 배드민턴이면 배드민턴, 축구면 축구, 농구면 농구, 탁구면 탁구, 어느 스포츠 하나 빼놓지 않고 랩 사람들보다 압도적으로 잘했다. 우리는 거의 매일 저녁, 식사를 마치고 배드민턴을 치러 갔는데, 나중에 이 습관 때문에 교수님과 불화가 생기기도 한다. 하지만 효영이 덕분에 2년 뒤 여러 랩과 함께했던 워크숍에서 우리 랩이 랩 대항 축구 경기에서 승리를 거머쥐기도 하고, 과 전체 체육대회 배드민턴 부문에서 우승을 차지하기도 한다. 반면, 수준이는 말로만 듣던 S 과학고 수석 졸업, P 공대 수석 졸업이라는 훈장을 단 수재였다. 모든 교수님이 수준이가 자기 랩으로 와 주기를 바랄 정도였다. 그런 수준이가 상대적으로 신생이었던 우리 랩으로 지원한 것이다. 또한 수준이는 화도 잘 안 낼 정도로 성격이 온순하기로 유명했는데, 그가 가장 화났을 때 했던 말이 "아이참…"이었다는 사실은 지금도 전설로 남아 있다(이 문장에서 끝에 붙은 점점점에 주목하라. 느낌표가 아니다!). 이에 반해 효영이는 다소 거친 성격의 소유자였다. 가끔 선배인 우리 돼지 삼 형제에게 대들기도 하고, 아주 가끔은 교수님께 대들기도 했다. 그런데 실험 하나는 그 누구보다도 잘해서 과학자의 역량을 따져 보자면 부족한 게 없었다. 그래도 랩 사람들은 효영이의 인성적인 측면을 조금 걱정했고 괘씸하게 여길 때도 있었다. 그러나 표현이 거칠어서 그렇지, 알고 보면 효영이도 순진무구한 청년이었다. 수준이는 훗날 모두의 예상대로 박사 학위를 성공적으로 취득하고, 미국에서 박사후연구원 과정을 밟으며 《셀》에 한 편, 《셀 스템 셀(Cell Stem Cell)》에 두 편의 논문을 내고 K 공대 교수로 금의환향한다. 그러나 효영이는 지금 뭘 하고 사는지 모르겠다. 효영이도 박사 학위를 받고 미국으로 박사후연구원을 갔다고 알고 있는데, 그 이후로 연락이 끊겼기 때문이다. 적어도 손은 좋았으니, 어디선가 테크니션이나 연구원으로 살고 있지 않을까 싶다(설마 체육 선생님으로 살아가고 있지는 않겠지?). 결코 굶어 죽을 녀석은 아니니까.

우리 돼지 삼 형제는 전날 밤 여우웃음에서 사장님을 통해 들었던 지욱이의 이해할 수 없는 말과 내가 자기 전에 뒤늦게 확인한 쪽지 내용에 대해 이야기를 나누고 있었다. 언제나처럼 효영이가 운동복 차림에 배드민턴 가방을 등에 메고 저녁 8시 넘어 2차 출근을 했는데, 옆에서 우리 얘기를 들었는지 대뜸 이렇게 말했다. "형들이 지욱이에 대해서 뭘 안다고 그래요?" 평소 돌직구를 잘 던지는 효영이의 말에 어느 정도 익숙해진 우리는 말없이 효영이를 쳐다보았는데, 효영이의 표정이 심상치 않았다. 맏이인 시철이가 친절하게 "우리가 뭘 잘 모르는데?"라고 하자, 효영이는 "됐어요. 이미 끝난 일이잖아요."라며 말을 매듭지으려 했다. 그때 뭔가 이상한 낌새를 눈치챈 민수가 제안했다. "형들이 한잔 살 테니까 두 시간 뒤에 통집에서 보자." 우리 모두 고개를 끄덕였고 각자 남은 실험을 마무리하러 흩어졌다. 민수는 형광 현미경 사진을 찍으러 갔고, 시철이는 PCR을 돌리러 갔으며, 나는 마우스 꼬리에서 뽑은 DNA로부터 어느 마우스가 정상 마우스이고 어느 마우스가 녹아웃 마우스인지를 알아내고자 PCR이 끝난 샘플 90개를 아가로스 젤(Agarose gel)로 전기영동하기 위해 로딩

하기 시작했다. 그리고 밤 11시경, 우리는 약속대로 통집으로 향했다.

지욱이의 동기였던 효영이는 지욱이에 대해 꽤 많은 것을 알고 있었다. 한 학번 후배라 잘 몰랐는데, 알고 보니 효영이는 지욱이의 기숙사 룸메이트였고, 같은 부산 출신이었으며, 심지어 고등학교 동창이기도 했다. 어릴 땐 부모님들끼리도 잘 알고 지내는 사이였다고 했다. 지욱이가 고 1 때 부모님이 이혼하셨고 고 2 때 어머니가 재혼하셨는데, 계부와의 관계가 좋지 않아 고민이 많았다고 했다. 그 이후 집에도 잘 안 들어가고 종종 효영이 집에서 신세를 지기도 했단다. 효영이와 효영이 부모님은 지욱이의 사정을 잘 알기에 별다른 건 묻지 않고 자기 집처럼 지내게 했다고 한다. 우리 돼지 삼 형제는 언제나처럼 그만 좀 먹으라고 서로에게 소리치면서도 각자 안주를 세 접시나 비우면서 그랬구나, 하며 이야기를 듣고 있었다. 그런데 그 다음 말을 들은 순간, 우린 모두 약속이나 한 듯 젓가락을 내려놓고 집중할 수밖에 없었다.

고 3 때 지욱이가 다니던 학원에서 한 삼수생을 만났는데, 그 만남 이후 지욱이는 더 이상 효영이 집에 머물지 않고 줄곧 그 삼수생 집에서 지냈다는 것이다. 효영이는 시원섭섭한 마음이 들긴 했지만 그러려니 하고 넘어갔는데, 수능을 치고 난 직후 그 삼수생이 자살했다는 소식을 전해 들었다고 했다. 그리고 어느 날 지욱이가 갑자기 찾아와서 대뜸 말하더란다. "올림픽에서 여자 핸드볼이 금메달을 못 따서 그래." 효영이는 무슨 뚱딴지같은 말인가 싶어 오랜만에 찾아온 지욱이를 한참 바라보다가, 한동안 동거했던 사람이 자살로 생을 마감했으니 정신적으로 충격이 좀 있었나 보다 하며 그 말을 마음에 담아 두지 않았다고 했다. 그리고 효영이의 얘기는 갑자기 시간을 건너뛰어 왕경태로 이어졌다. 지욱이는 왕경태와 친해지면서 효영이를 비롯한 동기들과의 교류를 일제히 끊었는데, 그 과정을 옆에서 지켜보면서 고 3 때의 사건과 겹쳐져 소름이 돋았다는 말이었다. 나도 마찬가지였다. 그 말을 들었을 때 소름이 돋았다. 어젯밤 쪽지에서 확인한 지욱이의 메시지와 여우웃음 사장님께 전해 들은 지욱이의 말이 겹쳐졌기 때문이다. 아마 남은 돼지 둘도 그랬을 것이다. 민수의 눈이 다시 빛났고, 시철이는 젓가락을 손에서 완전히 내려놓았다. 이례적인 일이었다.

　　머리 회전이 재빠른 민수가 일목요연하게 정리했다. "음, 그러니까 스포츠 경기의 승패와 지욱이 지인의 죽음 사이에 어떤 연결 고리가 있나 보군." 기다렸다는 듯 시철이가 받아쳤다. "그런데 두 사건은 좀 다르지 않냐? 그 삼수생은 핸드볼 경기가 졌을 때 죽었지만, 월드컵 포르투갈전에서는 우리가 이겼는데 왕경태가 죽은 거잖아. 그리고 이번엔 지욱이 자신도 죽었고 말이야." 그때 효영이가 끼어들었다. "적어도 지욱이는 자살할 애는 아니에요. 그럴 거였으면 고 3 때 했겠죠." 돼지 삼 형제는 일제히 고개를 끄덕였다. 시철이가 다시 말을 이었다. "그건 효영이 말이 맞는 것 같다. 자살할 애가 휴대전화를 백사장에 놔 두고 바다로 들어갔을 리가 없잖아. 전화기를 백사장에 두고 들어갔다는 건 다시 돌아오겠다는 뜻으로 해석하는 게 맞지 않겠어?" 맥주 한 잔에 얼굴이 벌게지고 허리띠까지 푼 시철이가 모처럼 P 공대생의 날카로움을 선보였다. 그리고 말을 계속 이어 갔다. "지욱이는 자살이 아닐 가능성이 크다고 쳐. 그럼, 왕경태는? 왕경태는 자살이었을까?"

한동안 침묵이 흘렀고, 민수가 먼저 말문을 열었다. "그럴 가능성도 충분한 것 같아." 그리고 민수는 몇 달 전 나와 함께 포항 앞바다에 가면서 내게 해 주었던 얘기를 모두에게 다시 들려주었다. 한 가지 얘기를 더 추가하면서 말이다. 그 이야기는 왕경태의 이야기라기보다는 몇 주 전 왕경태의 옛 지도교수가 등장한 신문 기사에 관한 것이었다. Y 대학의 Y 교수를 고소한 어느 대학원생의 탄원서였던 걸로 기억한다. 나는 그 교수가 누구인지 전혀 생각지도 않고 기사만 읽었었는데, 민수가 얘기를 꺼내자마자 곧바로 그 기사에 나온 Y 교수가 왕경태의 옛 지도교수였음을 알 수 있었다. Y 성을 가진 Y 대학 생명과학부 교수는 단 한 명뿐이었기 때문이다. 소름이 돋았다. 탄원서는 그 교수의 갑질을 폭로하는 것이었다. 그 교수가 저지른 갑질의 피해자는 왕경태뿐만이 아니었던 것이다. 그러자 효영이가 말을 받았다. "저도 그 기사 봤어요. 형들이 생각하는 그 교수 맞아요. 저는 지욱이를 통해서 경태 형 얘기를 조금 들었었거든요. 그 기사 아래에 제보자 이메일이 있던 것 같은데, 제가 한번 이메일을 보내 볼게요. 그 제보자는 뭔가를 더 알고 있을지도 모르니까요."

어느덧 <손에 손 잡고>가 흘러나왔고, 우린 시간 안에 안주를 더 못 시킨 것을 뒤늦게 후회하며 통집을 빠져나왔다. 그날의 이야기는 그렇게 일단락됐다. 민수와 시철이는 기숙사로 들어갔고, 나는 두 번째 PCR을 돌려 놓기 위해 실험실을 다시 찾았다. 최근 아침마다 랩 사람들이 PCR 기계를 서로 먼저 사용하겠다고 보이지 않는 전쟁을 벌이고 있었기 때문이다. 밤늦게 미리 PCR을 돌려 놓으면 아침에 가서 그냥 전기영동만 하면 되는 터라 불필요한 경쟁을 피하고 시간적 여유도 확보할 수 있었다. 게다가 나는 88마리의 유전자형을 확인해야 했고, 대조군 두 샘플을 합쳐 총 90개의 PCR을 진행해야 했기에 조금 서두를 필요가 있었다.

밤, 아니 새벽 1시경이었던 걸로 기억한다. 아무도 없을 거라 생각했는데, 실험실엔 수준이와 남순이가 있었다. 남순이는 수준이와 함께 들어왔던 연구원으로, 그다음

해에 대학원생으로 입학하게 되어 실험실 가족이 된다. 그 둘은 이제 막 인라인스케이트를 타고 왔는지, 실험실 한쪽 구석에 있던 컴퓨터 책상 아래 바닥에 앉아 스케이트를 벗고 있었다. 너네 아직 안 가고 뭐 하고 있냐는 말을 하고 싶었으나, 수준이가 남순이의 스케이트를 벗겨 주는 장면과 헬멧을 벗고 땀범벅이 된 얼굴로 서로를 마주 보며 웃는 두 사람의 모습을 보고 나는 재빠르게 질문을 바꾸었다. "너네… 사귀냐?" 남순이가 말했다. "모르셨어요? 오빠 빼곤 다 아는데." 이럴 수가! 나는 내가 랩에서 가장 먼저 둘이 사귄다는 사실을 알아챘다고 여겼건만 내가 마지막이었다니! 수준이는 말없이 그저 싱글거리며 웃고 있었다. 얼굴이 빨개져 바보가 되어 버린 나는 묵묵히 후드 앞에 앉아 시원한 바람을 맞으며 DNA 샘플과 팁의 위치를 맞췄다. 참고로, 이 둘은 2년 뒤 결혼식을 올린다. P 공대에도, 한밤의 실험실에도 낭만은 흐르고 있었던 것이다.

2 연애와 사랑 그리고 결혼

　　남순이와 수준이는 대학원 버전의 캠퍼스 커플이었지만, 캠퍼스 밖으로의 원정 연애와 사랑은 이미 실험실에 만연했다. 인간의 본능이었을까. 어느덧 이십 대 후반에 들어선 우리 돼지 삼 형제도 연애에는 일가견이 있었다. 놀라운 일이었다. 민수는 포항으로, 시철이는 대구로, 나는 청주로 원정 연애를 했고, 모두 결혼에 성공하게 된다. 우리 랩에서 가장 먼저 결혼에 골인한 건 민수였다. 민수의 아내가 될 여인은 한소희를 닮은 동갑내기 요가 강사였다. 그 사실을 처음 알게 된 날, 시철이와 나는 입이 쩍 벌어졌다. 도저히 믿을 수 없었던 것이다. 민수의 결혼식에서 나는 민수가 던진 부케를 받는다. 그리고 몇 개월 뒤 랩에서 두 번째로 결혼에 성공하게 된다. 내 아내가 될 여인은 당시 의대생이었다. 민수와 시철이는 그 사실을 알고 입을 모아 말했다. "좋겠다. 영웅이 넌 돈 안 벌어도 되겠다." 그때부터 지금까지, 20여 년이 지나는 동안 지겹도록 듣고 있는 말이다. 이 말이 아직 현실이 되지는 않았지만, 곧 현실이 될까 두렵기도 하다. 시철이는 내 결혼식에서 내가 던진 부케를 받는다. 그리고 보란 듯이 몇 달 뒤 결혼식을 올린다. 시철이의 아내가 될 여인은 패션 디자이너였다. 그 사실을 알고 민수와 나는 고개를 끄덕였다. 시철이는 우리 중에서 가장 옷을 잘 입었기 때문이다. 뭔가 좀 멋지긴 했다. 그래봤자 돼지 삼 형제였지만 말이다. 참고로, 그렇게 줄줄이 유부남이 된 돼지 삼 형제는 지금도 알콩달콩하면서 그때 그 여인들과 한 가정을 이루고 살고 있다. 결혼하고 머지않아 민수는 두 딸을, 시철이도 두 딸을, 그리고 나는 아들 하나를 얻게 된다. 2025년 현재 우리 자녀들은 모두 십 대 청소년으로 자라 있다.

아마 민수의 결혼과 내 결혼 사이였던 것 같다. 늘 저녁이면 배드민턴을 치러 가던 효영이가 그날은 실험실

자기 책상에 앉아 텅 빈 눈으로 창밖을 바라보고 있었다. 그 당시 우린 효영이에게 배드민턴을 조금씩 배우고 있던 터라, 그날은 우리가 먼저 효영이에게 배드민턴 치러 가자고 말을 건넸는데, 효영이는 고개를 돌려 그저 멍하니 우리를 쳐다보기만 했다. 무슨 일이 있음을 직감한 시철이가 조심스레 "무슨 일 있어?"라고 묻자, 효영이가 대답하기도 전에 민수가 먼저 말을 이었다. "답장이 왔구나?" 효영이는 천천히 고개를 끄덕였다.

답장이 생각보다 늦어져 그때 우린 어느 정도 체념하고 있던 상태였다. 마침내 도착한 답장의 내용은 우리의 예상을 크게 벗어나진 않았지만, Y 교수의 만행은 생각했던 것보다 더 도가 지나쳤다. 그 제보자 대학원생은 신문에 기사가 나고 한 달 뒤에 자퇴했다고 했다. 답장이 늦어졌던 이유도 거기에 있었다. 그리고 말이 자퇴였지, 실은 강요된 퇴학에 가까운 것 같았다. 그 교수가 교묘하게 자기를 따돌리는 일은 이미 각오했던 터라 참을 수 있었는데, 랩 사람들이 교수의 만행을 알면서도 모두 입을 다물고 교수와 한배를 타는 모습에 자퇴를 결심했다고 한다.

생각건대 그들도 나름대로 그 실험실에서 살아남기 위해 그랬을 것이다. 권위를 가진 자가 협박을 해 오면, 힘없는 대학원생들은 이미 수년간의 시간을 갖다 바친 랩 생활이 아까워서라도 어쩔 수 없이 다른 사람이 당하는 불의는 작전상 눈을 감고 넘겨야 하는 안타까운 상황을 맞을 수 있다. 바로 그런 상황이 벌어진 듯했다. 효영이가 창밖의 허공을 멍하니 쳐다보고 앉아 있던 것도 그제야 이해됐다.

시철이가 물었다. "그럼, 왕경태는? 왕경태에 대해선 별말 없었어?" 효영이가 대답했다. "있었어요. 그 대학원생이 용기 내서 자기 돈을 내고 제보한 것도 왕경태가 죽었다는 소식을 접했기 때문이래요. 왕경태랑 꽤 친했다고 하더라고요." 그랬구나, 하고 가만히 듣고 있는데, 효영이가 말을 이었다. "그런데 왕경태가 포르투갈전 하루 전날 그 대학원생한테 전화해서 죽고 싶다고 말했대요. 자주 하던 얘기라 그러려니 했는데, 갑자기 왕경태가 뭔가 해답을 얻은 것처럼, 교수를 죽이고 싶지만 그럴 수는 없고, 자기가 할 수 있는 교수를 엿 먹이는 방법은 자기가 죽는 거라고 말했다네요. 그리고 이어서 왕경태가 '포르투갈전에서 혹시라도 우리나라가 이기면 죽어 버릴까'라고 해서 깜짝 놀랐대요." 갑자기 숨이 멎는 것 같았다. 효영이가 말을 이어 갔다. "그런데 그런 말을 웃으면서 해서 그냥 '실없는 녀석' 하면서 전화를 끊었다네요. 끊고 나서도 혹시나 하는 찜찜한 맘이 있었지만, 포르투갈전에서 우리나라가 이길 리가 없다고 확신했기 때문에 걱정을 덜었대요. 그런데 아시다시피 우리나라가 1:0으로 이겼고, 왕경태는 그다음 날 보란 듯이 죽어 버린 거죠." 안경을 닦고 있던 민수는 안경을 떨어뜨렸다. 시철이는 얼굴이 얼어버린 것처럼 정지 상태였고, 나 역시 아무 말도 할 수 없었다.

안경을 줍던 민수가 갑자기 괴성을 지르더니, 이제 알겠다면서 침묵을 깼다. "왕경태는 그럼 자살을 계획했던 거네. 포르투갈전에서 우리나라가 이기자마자 말이야. 그래서 일부러 휴대전화도 기숙사 방에 두고 갔던 거고. 아, 좀 끔찍하긴 하지만, 우리와 통집에 가고 여우웃음에 가고 노래방에 함께 간 것도 왕경태에게는 모든 게 마지막이라는 의미였다는 거잖아. 그리고 지욱이. 지욱이는 아마 왕경태가 자살할 거라는 사실을 몰랐을 거야. 그곳이 급류가 형성되는 곳이라는 것도 모른 채 왕경태만 믿고 같이 바다로 들어갔던 거지. 지욱이에게는 아마도 그냥 객기였지 않았을까 싶다. 불쌍한 지욱이. 에이 XX, 그럼 왕경태는 지욱이가 자기를 따라 들어가면 죽을 수도 있다는 걸 알면서도 같이 들어갔던 게 되잖아!" 자기가 하던 말에 흥분한 민수는 얼굴이 붉으락푸르락했다. 민수가 그렇게 흥분한 모습은 대학 1학년 때부터 한 번도 보지 못했던 거였다. 민수의 추리는 너무도 그럴듯했다. 그러나 죽은 자는 말이 없는 법. 그리고 왕경태와 지욱이의 죽음이 사고사든 자살이든 그걸 밝혀봤자 이제 와서 무슨 소용이겠냐마는, 우리는 민수의 추리가 사건의 전말일 거라 생각했다. 민수의 분노는 곧 나의 분노였고 우리 모두의 분노였다.

그 이후로 우린 더 이상 왕경태와 지욱이의 죽음에 대해 말하지 않았다. 그리고 Y 교수는 그로부터 며칠 뒤, 국가에서 지정한 과학자가 되어 5년간 매년 8억 원씩 지원받는 사업에 선정되었다. 실험실 사람들과 함께 찍은 사진 속 그 교수는 티 없는 어린아이처럼 활짝 웃고 있었다. 그 옆에 열 명이 넘는 대학원생들의 표정도 마찬가지였다.

아무런 문제가 없는 실험실의 전형 같아 보였다. 부럽다는 생각까지 들 정도로 말이다. 우리 돼지 삼 형제는 그 기사를 보며 말을 아꼈다. 왕경태와 지욱이의 죽음은 무슨 의미를 가지는 것인지도 더는 묻지 않았다.

2005년 1월은 무척이나 추웠다. 나는 민수에 이어 랩에서 두 번째로 결혼식을 올렸고, 두 번째 유부남이 되었다. 민수와 나는 더 이상 기숙사에 살지 않아도 되었다. 학교 측에서 기혼 대학원생에게는 대학원 아파트에서 살 수 있는 기회를 제공해 주었기 때문이다. 시철이는 아내가 될 패션 디자이너와 매일 전화기를 붙들고 결혼식을 준비했다. 남순이는 대학원 입학을 위해 토플 시험에 올인했고, 수준이는 그런 남순이를 옆에서 도와주며 캠퍼스 커플을 지속해 나갔다. 누가 봐도 둘은 곧 결혼할 것 같았다. 효영이는 급기야 배드민턴 동호회에 가입했고, 대회에 나가 우승 트로피까지 가져왔다. 랩에서 제작했으나 아무런 표현형이 없어 정상 마우스와 다를 바 없던 녹아웃 마우스는 모두 그들의 정자를 얼리는 방법으로 정리했다. 그럼에도 불구하고 남순이가 만든 유전자 과발현 마우스와 민수가 만든 조건부 녹아웃 마우스의 수가 막대해져서(민수는 장에서, 수준이는 뇌에서, 나는 유방과 혈액에서 민수가 표적한 유전자를 조건부로 녹아웃하는 마우스를 교배하고 있었다) 우리는 허구한 날 마우스 꼬리에서 DNA를 뽑고 PCR을 돌리고 전기영동을 실행했다. 랩에서는 유기용매인 페놀(phenol)과 클로로포름(chloroform) 냄새가 진동했고, 세포 배양실 안에서는 델리스파이스의 노래 <챠우챠우>가 울려 퍼졌으며, 자정이 넘도록 실험실의 불은 꺼질 줄을 몰랐다. 그렇게 나의 대학원 3년 차가 시작되고 있었다.

3부

대학원 3, 4년차 시절

대학원 아파트

시철이까지 줄줄이 결혼에 성공하고 우리 돼지 삼형제는 줄줄이 대학원 아파트에 살게 된다. 특별히 의도한 건 아니었지만 뭘 해도 줄줄이 하는 우리는 어느 날 느지막한 시간에 통집 야외 테이블에 앉아 석양을 바라보며 맥주와 안주로 저녁을 때우고 있었다. 부부들이 처음으로 다 같이 모인 자리였다. 선선한 바람이 기분 좋은 밤이었다.

아내들은 서로에 대해 얘기는 많이 들었으나 결혼식 이후 처음 뵙겠다면서 인사를 주고받았다. 시철이와 나는 민수의 아내가 운영하는 요가/필라테스 학원을 화두로 내세웠다. 살 좀 빼 볼까 하는데 등록하면 좀 싸게 해 줄 수 있냐고 실실 웃으면서 말을 건넸고, 지인 10% 할인이라는 확답을 받아내는 데 성공했다. 그런데 석 달 치를 한꺼번에 결제해야 한다는 조건이 있어서 선뜻 그 제안을 받아들이지 못하고 있었는데, 마침 우리 앞에선 이미 깨끗하게 비워진 맥주잔과 깔끔하게 사라진 안주 다섯 접시가 우릴 노려보고 있었다. 왠지 모를 죄책감을 느낀 우리는 진지하게 고려해 보겠다고 답했다.

 민수와 나는 시철이의 아내에게 주로 어떤 디자인을 하시냐고 물었고, 양말과 장갑 혹은 모자가 주요 타깃이라는 답을 들었다. 앞으로 시철이 아내가 디자인한 제품이 있으면 꼭 알려 달라고, 그 제품을 사서 착용하겠다고 했더니 고맙다며 웃었다. 가끔 그 제품이 성공하면 공짜로 주어질 때가 있는데, 그럴 때마다 우리에게 챙겨 주겠다는 약속도 받아냈다. 양말이 패션의 꽃이라는, 우리로서는 처음 듣는 말을 해 주면서 시철이의 양말을 가리켰다. 알록달록한 색의 양말과 그에 어울리는 바지와 신발이 그날따라 다르게 보였다. 그리고 민수와 나는 서로의 멋대가리 없이 시커멓기만 한 양말을 바라보았다. 단박에 시철이가 평소 옷을 잘 입는 이유를 알 것 같았다.

한편 민수와 시철이는 내 아내에게 의학적으로 궁금한 게 있으면 물어봐도 되냐고, 돈은 안 받냐고 실없는 질문을 퍼부었고, 만약 병원을 개업하면 꼭 찾아가겠다는 말까지 아끼지 않았다. 내 아내는 궁금한 게 있으면 언제든 물어보라고 친절하게 응대했다. 그러나 20여 년이 지난 지금까지도 그런 일은 벌어지지 않았다.

그렇게 이런저런 대화를 나누고 있었는데, 옆 테이블에서 전해져 오는 싸늘한 분위기에 우리는 입을 다물 수밖에 없었다. 그 모든 사건의 중심엔 나의 대학원 동기인 주연이가 있었다. 오랜 세월이 지나 지금은 그 테이블에서 오고 갔던 정확한 문장들이 가물가물하다. 그러나 나는 여기서 최대한 기억을 되살려 그때 그 현장의 분위기를 전달해 보도록 하겠다. 여전히 그날은 우리 모두의 뇌리에 강하게 남아 있기 때문이다. 지금은 전공을 달리하여 경제학 교수가 되어 있는 주연이에게 심심한 위로를 전한다. 주연이에게 폭력을 가한 그 남자에게는 시간이 흘러도 반드시 그에 합당한 벌이 주어질지어다.

　　얼마 지나지 않아 <손에 손 잡고>가 스피커에서 흘러나왔던 걸 생각하면, 자정이 거의 다 된 무렵이었을 것이다. 우리 옆쪽엔 테이블을 여러 개 붙여 놓고 많은 사람이 앉아 있었다. 한 테이블에 4명씩 앉는다고 치면, 세 테이블이 꽉 찼던 걸로 보아 적어도 12명은 넘는 단체였다. 주연이가 속한 실험실 전체가 회식을 나온 듯했다. 우리 세 부부가 그쪽에 관심을 기울이게 된 이유는 주연이가 회식 분위기와는 어울리지 않게 화난 목소리로 "아, 선배 그만해요!"라고 크게 소리쳤기 때문이다. 주연이의 한 마디는 그 테이블은 물론, 우리 테이블까지 싸늘하게 만들었다. 우리는 일제히 고개를 돌렸다. 우리보다 적어도 서너 살은 많아 보이는 남자가 눈이 반쯤 풀린 채 주연이의 머리카락을 멱살 잡듯 움켜쥐고 있었다. 그 선배란 남자는 실실 웃으면서 장난이라고 말했지만, 누가 보아도 그건 장난이 아니었다. 포니테일로 묶었던 주연이의 머리가 다 풀어져 버렸기 때문이다.

우리 세 부부는 무슨 일인가 싶어 숨죽이고 있었는데, 갑자기 우리의 정의의 사도 시철이가 "아니!" 하면서 자리에서 벌떡 일어나는 것이었다. 나는 속으로 '역시 시철!' 하면서 재수생의 파워를 보여 주길 기대했다. 그런데 곧장 화장실로 가 버리는 것이었다. 이런… 참고로 나중에 시철이에게 전해 들은바, 그때 시철이도 그 남자 선배에게 한마디 하려고 하긴 했었는데, 그 선배가 덩치도 크고 인상도 험한 데다 술까지 취한 것 같아서 순간적으로 판단을 급선회하여 화장실로 갔던 것이라 했다. 이미 의자에서 일어났으니 겸연쩍어진 시철이는 뭐라도 해야 했던 것이다. 이런 민첩함이라니!

그 남자 선배는 갑자기 일어나 화장실로 가는 시철이를 힐끔 쳐다보고는 다시 하던 짓을 계속했다. 여전히 주연이의 머리카락을 꽉 잡고 있던 것이다. 더욱 충격적이었던 건 그 선배의 반응이었다. 정확한 워딩은 기억나지 않지만 대충 이런 말이었다. "어? 야! 난 장난이었는데, 이 많은 사람 앞에서 니가 감히 나에게 면박을 줘?" 헉, 기가 막혔다. 잘못 들은 게 아닐까 싶었다. 무슨 이유로 그 선배가 주연이 머리카락을 잡게 되었는지는 모르지만, 중간부터 본 우리에게도 그 모습은 전혀 장난으로 보이지 않았기 때문이다.

주연이는 1초도 쉬지 않고 바로 응수했다. "그럼 선배는 이렇게 많은 사람이 있는 곳에서 여자 후배 머리카락을 쥐고 흔들어요?" 아, 그 순간, 그 찬물 끼얹어진 것 같은 분위기가 아직도 생생하게 기억난다. 나는 속으로 '역시 주연이' 하면서도, '근데 쟤 저러다 어쩌려고' 하는 생각이 겹쳐 몹시 걱정되었다. 그때 그 선배가 갑자기 머리카락을 놓더니 주연이 앞으로 와서 주연이 멱살을 움켜쥐고는 주연이를 들어 올리려고 하는 것이었다. 저런 미친놈을 봤나 싶어서 민수와 나는 동시에 일어났는데, 그 랩 사람들이 먼저 일어나 말리는 바람에 상황이 겨우 진정되었다. 그리고 기다렸다는 듯이 <손에 손 잡고>가 흘러나왔고, 우린 여전히 화장실에서 일을 보고 있던 민첩한 시철이를 불러내 통집을 나오게 되었다.

대학원 아파트는 총 네 동이 있었다. 1동이 가장 오

래됐고, 4동이 가장 최근에 지어진 곳이었다. 모두가 4동을 원했다. 그러나 민수와 시철이는 3동에 배정되었고, 나만 운 좋게 4동에 살게 되었다. 4동은 3동보다 방과 화장실이 조금 더 넓었고, 거실에는 3동엔 없는 간이 식탁이 있었다. 2~3년 후, 우리 세 부부는 모두 임신에 성공하는데, 3동에 살던 민수와 시철이는 딸을, 4동에 살던 나는 아들을 얻었다. 그 이후, 실험실 후배였고 지금은 독일 막스플랑크에서 그룹 리더로 있는 형우도 결혼 후 3동에 배정되었는데, 그 부부 역시 딸을 얻었고, 또 다른 후배 강수는 결혼 후 4동에서 살게 되었는데 그 부부는 아들을 출산했다. 이쯤 되면 3동은 딸을, 4동은 아들을 낳게 만드는 어떤 보이지 않는 힘이라도 있었단 말일까. 우린 우스갯소리로 깔깔대며 떠들었지만, 당연히 사실이 아니다. 게다가 적어도 이 책은 과학자들의 대학원 시절을 다루고 있는데 무속적이고 거짓된 일반화를 수용할 수는 없지 않겠는가. 그리고 이 터무니없는 가설은 우리 돼지 삼 형제에 이어 1년 뒤 4동에 살게 된 수준이와 남순이가 딸을 낳으면서 깨지게 된다. 귀납적 사례들로 일반화를 시키는 건 쉬운 일이 아니다. 검은 백조가 한 마리만 등장해도 '모든 백조는 희다.'

라는 명제는 거짓으로 판명되는 법이다.

대학원 아파트는 우리 모두에게 첫 신혼집이었다. 2004년 말부터 시작해, 실험실이 S 대로 이전하기 전인 2008년 여름까지 우리의 안식처가 되어 준 고마운 공간이었다. 당시 한 달에 20만 원도 안 되는 월세만 내면 되었는데, 가스비, 전기세, 수도세, 관리비가 모두 포함된 금액이었다. 기숙사 바로 옆에 있었으며, 작지만 주차장도 따로 있었다. 연구 중심 대학이라는 이름을 내건 P 대학/대학원은 미혼자에게는 기숙사를, 기혼자에게는 대학원 아파트를 저렴하게 제공하면서 연구자들의 복지에 힘쓰고 있었다. 그 덕분에 우리는 한국 남녀들이 결혼할 때 가장 우려하는 항목인 집에 대해서는 적어도 몇 년간은 부담을 덜 수 있었다. 그렇지 않았더라면 우리는, 적어도 가정 형편이 여유가 없었던 나는, 대학원생 신분으로 결혼까지 생각 못 하고 미루거나 포기했을지도 모른다. 연구에 집중하려면 연구하는 공간만이 아닌, 그 외의 공간까지 배려되어야 한다는 사실을 우린 P 대학을 통해 몸소 체험할 수 있었다.

통집을 나와 대학원 아파트로 돌아가는 길에 민수와 시철이가 말했다. "영웅이 니가 동기니까 내일 가서 무슨 일이었는지 조심스레 물어봐." 나 역시 그러려고 생각하고 있었기에 고개를 끄덕였다. 그리고 그다음 날, 나는 믿기 힘든 얘기를 듣게 되었다.

논문

과학자에게 가장 중요한 열매는 아무래도 논문이다. 약간의 과장을 보태자면, 논문은 월화수목금금금 하며 다년간의 소중한 시간(주로 이십 대 중후반)을 연구에 전념해서 얻어 낼 수 있는 거의 유일한 가시적인 열매다. "논문에 살고 논문에 죽는다."라는 말은 적어도 생물학자에게는 '참'이다. 아무리 평소에 열심히 연구에 매진했더라도 논문이 없다면, 그 사람의 과거는 적어도 '공식적으로는' 무효화된다고 봐도 과언이 아니다. 과정은 잊히고 결과만 남는다. 열매 없는 인고의 시간은 이력서에 기록되지 않기 때문이다. 그 기간은 그저 공백 기간일 뿐이고, 무엇을 했는지 증명할 수 없는 과거일 뿐이며, 앞으로도 지울 수 없는 흔적이 될 뿐이다.

생물학자에게 대학원 생활은 박사후연구원 생활의 전신이기에 대학원생은 연구에 있어서만큼은 아마추어이면서도 프로인 이중 정체성의 소유자가 된다. 갓 대학을 졸업하여 연구란 것을 아직 경험해 보지 못한 갓난아기와도 같기에 아마추어이며, 연구를 밥벌이로 월급을 받을뿐더러 시간상 다른 직업을 가질 수 없기에 프로라고 할 수 있다. 이렇게 상반되어 보이는 두 정체성을 모두 지닌 존재가 바로 대학원생이다. 연구를 배워 가면서도 배움만으로 끝낼 수 없고, 반드시 논문이라는 결과를 뱉어내야만 자신의 과거(보통 석박사 혹은 통합과정을 마치려면 평균 6년 정도 소요된다)와 자신의 존재를 입증할 수 있다.

안타까운 사실은, 논문이란 게 연구만 열심히 한다고 해서 얻을 수 있는 열매가 아니라는 점이다. 세상 어떤 일이 그렇지 않겠냐마는, 훌륭한 논문을 업적으로 가지기 위해서는 흔히 말하는 '운'도 필요하다. 여기서 말하는 운이란, 만남과 타이밍을 의미하며 노력이나 실력만으로는 얻을 수 없는 그 무언가를 지칭한다. 만남은 크게 두 가지로 볼 수 있다. 첫째는 지도교수와의 만남이다. 지도교수가 대학원생들이 좋은 논문을 낼 수 있도록 제대로 지도할 수 있는 인물인지가 관건이다. 업적이 훌륭하여 교수가 되었으나, 리더 자질이 부족한 교수도 꽤 많기 때문이다. 그러나 결국 이 또한 인간관계의 영역이고, 인간관계는 경험해 보기 전에는 알 수 없기 때문에, 그 누구도 그 지도교수의 랩에 들어가라거나 들어가지 말라고 호언장담할 수 없다. 둘째는 프로젝트와의 만남이다. 지도교수를 잘 만났다 하더라도 프로젝트가 좋아야 한다. 너무 도전적인 주제를 맡게 되면 남들은 박사 학위를 받을 때쯤 겨우 연구의 실마리를 찾을지도 모른다. 반대로, 너무 쉬운 주제를 맡게 되면 시간에 비해 배우는 것도 적고, 임팩트 있는 결과를 도출해 내지 못해 결국 좋은 논문을 낼 수 없게 된다. 그렇다면 적당한 프로젝트란 어떤 것일까? 정답은 아무도 모른다. 연구란 자고로 뚜껑을 열어 보지 않고서는 알 수 없는 미지의 세계이기 때문이다. 단, 이 두 가지 만남은 스스로의 노력과 판단으로는 어찌할 수 없는 부분이라는 점만은 분명하게 말할 수 있겠다. 연구의 세계는 불확실성의 세계다.

    만남에 이어 훌륭한 논문을 남기며 박사 학위를 받

는 대학원생이 되기 위해 필요한 두 번째 운은 완벽한 타이밍이다. 하필 대학원에 진학할 무렵에 자신이 관심 있어 하는 분야가 각광을 받기 시작하고, 마침 그 분야의 대가 교수 실험실에서 대학원생을 모집하여 지원했는데, 합격이 되어 들어갔더니 마침 적절한 프로젝트가 본인에게 주어졌고, 열심히 했더니 시행착오를 많이 거치지도 않고 뭔가 새로운 결과를 찾아내게 되어 정상급 논문을 출간하게 되는, 그야말로 로또 맞은 것 같은 경우를 상상하면 되겠다. 즉, '하필 그때' 혹은 '마침'이라는 우연이 적어도 두 번 이상 연이어 생겨야 한다.

그러나 완벽한 만남과 완벽한 타이밍으로 대학원 생활을 시작했다 할지라도 끝에 가서는 찬밥 신세를 면하지 못할 가능성도 여전히 존재한다. 이 경우 역시 본인의 노력이나 능력이 부족해서가 아니라 철저히 본인이 어찌할 수 없는 힘에 의해 좌절을 맛보게 된다. 실제로 지금도 많은 연구자가 자신이 수년간 연구해 온 내용이 다른 그룹에 의해 먼저 논문으로 출간되어 버려, 가장 먼저 발견한 혹은 밝힌 사람이라는 영광의 면류관을 빼앗기고 있다. 내가 발견하지 않으면, 혹은 내가 밝히지 않으면, 누군가가 그것을 먼저 발견하거나 밝혀내게 된다. 결국 발견과 증명은 대부분 시간 싸움이기 때문이다. 그러므로 자신이 연구하고 있는 내용을, 혹은 비슷한 내용을 세계 어느 나라 어느 그룹에서 연구하고 있는지 미리 파악하는 것도 고뇌의 쓴 잔을 마시지 않기 위한 중요한 전략이라 할 수 있겠다.

2005년 이른 여름, 내 이름이 들어간 첫 논문이 출간되었다. 나는 열 명 정도 되는 공저자 중 하나일 뿐이었지만, 민수는 맨 앞에 이름을 올린 사람이었다. 연구 논문은 보통 두 명 이상의 저자 명단이 기재되는데, 그 연구를 이끌며 가장 크게 공헌한 연구자가 첫 저자가 되고, 그 연구를 가능하게 한, 즉 연구비를 제공하고 연구 전반에 책임을 지며 논문으로 출간되면 타 연구자와 교신할 사람이 마지막 저자가 된다. 마지막 저자는 흔히 교신 저자라고 하며, 한 랩에서 주도한 연구 논문이라면 교신 저자는 대부분 지도교수가 된다. 민수는 자기가 만든, 비록 배아 단계에서 죽어 많은 실험을 할 수는 없었지만 생물학계에서 아주 중요하면서도 새로운 유전자의 기능을 밝히는 데 결정적인 역할을 한 녹아웃 마우스로 논문을 내게 된 것이었다. 그 논문은 우리 랩에서 우리가 직접 만든 마우스로 국제적 인정을 받았다는 점에서 큰 의미가 있었다. 그리고 그 논문이 발화점 역할을 하여 그 이후 여러 편의 논문이 쏟아져 나오게 된다. 때마침 민수가 만든 조건부 녹아웃 마우스가 여러 조직에서 드라마틱한 표현형을 보이기 시작한 것이다. 그중엔 몇 년 후 내가 첫 저자로 논문을 쓰게 될 마우스도 포함되어 있었다.

너무나도 정상이었던 녹아웃 마우스 프로젝트를 접고 나서, 당시 내가 맡고 있던 프로젝트는 유방의 발달과 유방암에 관련된 것이었다. 지도교수님이 미국에서 금의환향하실 때 들고 오셨던 녹아웃 마우스의 표현형 중 하나가 이 주제와 연관되어 있었고, 우리는 민수가 녹아웃한 유전자가 유방 발달 과정에서 어떤 역할을 하는지 알고 싶었기 때문이다. 당시에는 그 유전자에서 비롯되는 단백질에 대한 항체가 마땅치 않았던지라 그 유전자의 발현 패턴을 파악하기 위해 나는 암컷 마우스의 유선 조직을 채취하여 파라핀 침투를 시킨 뒤 블록을 만들었고, 4마이크로미터 두께의 조직 단면을 얻어 민수가 녹아웃한 유전자(편의상 'Mind'라고 하자)의 RNA 염기서열과 상보적인 염기서열을 갖는 RNA 조각을 그 조직 단면에 갖다 붙이는 실험을 했다. 이른바 '인 시투 하이브리디제이션(In situ hybridization, ISH)'이라 불리는 실험으로, 그 당시 랩에는 전혀 세팅되어 있지 않았다. 대학원 3년 차였던 내가 랩을 대표하여 이를 세팅하게 되는 기회를 갖게 된 것이다.

내가 이 실험을 20여 년이 지난 지금도 생생하게 기억하는 까닭은 이 실험만큼 나에게 트라우마를 안겨 준 실험은 여태껏 없었으며, 내겐 며칠 밤을 새우면서도 실패를 거듭했던 유일한 실험으로 남아 있기 때문이다. 요즘에는 마치 쉽게 요리해 먹을 수 있는 밀키트처럼, 실험자가 별다른 준비를 하지 않아도 주어진 매뉴얼대로 실험을 진행하면 원하는 결과를 얻을 수 있는 ISH 키트를 판매하기 때문에 한결 수월해졌지만, 그 당시 나에게는 높디높은 장벽과도 같은 실험이었다.

조직 절편에 붙일 '프로브(Probe)'라고 부르는 RNA

조각을 얻는 과정은 그리 어렵지 않았다. 간단한 PCR과 '인 비트로 트랜스크립션(In vitro transcription)'을 할 줄 알면 되었다. 이미 18킬로베이스페어의 표적 벡터를 만들어 본 경험이 있던 내게 그 정도의 클로닝은 식은 죽 먹기와도 같았다. 문제는, 준비한 프로브가 조직에 성공적으로 붙도록 절편을 준비하는 과정이었다. 핵심은 조직 안에 있는 Mind 유전자의 메신저 RNA가 망가지거나 오염되지 않게 유지하고, 프로브를 붙인 다음에도 절대 오염되지 않도록 준수해야 하는 점이었다. 이를 위해 실험에 사용될 모든 유리 기구는 섭씨 400도에서 구워졌고, 증류수에는 RNA 분해 효소를 무력화시키는 물질인 DEPC가 처리되었다.

얼마나 신중을 기했는지 모른다. 동시에 연구비를 아껴야 하는 상황이었던 터라, 우리는 돈으로 구입해서 쉽게 넘어갈 수 있는 부분까지도 전부 손으로 만들어서 사용해야 했는데, 이런 제한적인 상황까지 겹쳐 나의 ISH 실험은 고전을 면치 못했다. 실험 시작부터 마치는 데까지 꼬박 3일이 걸렸는데, 워낙 많은 스텝이 실험 과정에 포함되어 있었기 때문에, 3일을 기다려 확인한 결과가 예상과 달랐을 때는 도대체 어떤 스텝에서 문제가 생겼는지 알 수 없어 가능성 있는 모든 원인을 떠올려 하나씩 점검해 가며 몇 주를 보냈다.

대여섯 차례의 실패 끝에 마침내 원하는 결과를 보게 되었을 때 나는 마치 천국의 문이 열리는 것 같은 기분을 느꼈다. 몇 시간짜리 실험 하나만 실패해도 충격이 꽤 큰데, 3일짜리 실험을 그렇게 여러 차례 반복해서 실패했던 나는, 특히나 그땐 내 손에 대해 은근한 자신감이 충만했던 시기였기에 더욱 크게 실망하고 좌절했던 나날들을 보냈던 것 같다. 그렇게나 기다리던 점심 식사도 하기 싫었고, 마지막 결과를 확인하는 스텝인 발색 과정을 지켜볼 때는 적당한 세기에서 멈추기 위해 그 자리를 지키느라 실험실에서 쪽잠을 잔 적도 많았다.

끝내 성공을 이루었기에 망정이지 만약 그 실험이 실패로 기록되었더라면 나는 아마도 며칠, 아니 몇 달은 휴식이 필요했을지도 모른다. 실험이야 원래 잘 안되는 것이라는 사실을 이제는 만고불변의 진리로 받아들이고 있지만, 책 한 권 읽은 놈이 가장 무섭다는 말처럼, 당시의 나는 실험 조금 해 보고 잘한다는 소리를 들었다고 해서 나 자신을 너무 과신하고 있었다. 그 경험 이후 나는 조금은 겸허해졌으며, 연구자로 살아간다는 게 결코 쉽지 않다는 사실을 체감할 수 있었다. 그때의 실패는 결국 나를 더 강하게 만들었다. 숱한 실패 가운데서도 포기하지 않고 버틸 줄 아는 법을 배웠기 때문이다. 그리고 이제는 안다. 성공하는 것보다 더 대단한 것은 실패한 뒤 무너지지 않는 것이라는 사실을. 중요한 건 꺾이지 않는 마음이라고 하지 않았던가. 나아가, 꺾여도 계속하는 마음이라고 하지 않았던가. 그건 실험에서도 마찬가지다.

우리 돼지 삼 형제 세 부부가 통집에서 만났던 날은 내가 수차례의 실패 끝에 처음으로 ISH 실험에 성공했던 날이었다. 민수와 시철이가 고생 많았다며 나를 위로할 겸, 마침 아내들도 시간이 괜찮아서 한자리에 모인 것이었다. 그리고 바로 그 자리에서 주연이의 사건을 목격한 것이었다. 다음 날 주연이는 내게 충격적인 이야기를 들려주었다.

운명

그날 밤, 그렇게 싸한 분위기 속에서 그 랩 사람들은 뿔뿔이 흩어졌고 주연이도 기숙사에 들어갔는데, 방에 도착해서 숨 좀 돌리려는 찰나 그 선배에게서 전화가 걸려왔다고 했다. 당연히 주연이는 사과 전화일 줄 알았는데, 경고와 협박의 전화였다고 했다. "야! 너 나한테 정식으로 사과 안 하면 죽을 줄 알아. 어디서 후배 따위가… XX, XX." 하면서 난리를 쳤다고 했고, 대쪽 같은 주연이는 "전 이런 선배 필요 없어요!"라고 받아쳤다고 했다. 어젯밤 자기가 겪은 일을 전하는 주연이는 마치 제삼자의 얘기를 들려주는 것처럼 의외로 태연했다. 가만히 듣고 있던 나는 그 선배라는 작자에게 분노가 치밀었지만, 그보단 주연이가 걱정되었다. 진지해진 내 표정을 본 주연이가 말을 이었다. "그게 끝이 아닌데 벌써 그런 표정은 뭐니? 내가 그렇게 말하니까 잠깐 아무 말 없던 그 선배가 '어! 그래! 잘됐다. XX!! 너 앞으로 내 후배 아냐!!' 이러더니 전화를 확 끊더라." 나는 주연이에게 혹시라도 무슨 일이 생기면 꼭 알려달라고 말하며(아무것도 해 줄 수 없으면서) 파이팅을 빌었다. 나는 점심시간에 민수와 시철이에게 주연이의 얘기를 들은 대로 전해 주었다. 그랬더니 민수가 한마디를 덧붙이는 것이었다. "그 사이코 같은 놈, 내 대학원 동기인데 우리보다 세 살 많아. 동기들도 그 자식이랑은 거리를 둬. 그런데 손 하나는 끝내준다고 하더라. 그나저나 주연이라는 애… 나도 걱정되네. 왜 하필 그 녀석이랑 얽힌 거냐. 느낌이 좋지 않아." 그랬다. 민수의 촉은 정확했다. 주연이는 그 후 약 두 달간 지옥 같은 실험실 생활을 하게 된다.

한편, '인 시투 하이브리디제이션'으로 실험의 쓴맛, 아니 본래의 맛을 본 나는 몇 주 후 교수님을 또 한 번 껑충 뛰게 만드는 현상을 발견하게 된다. 민수가 만든 조건부 녹아웃 마우스를 이용해 Mind 유전자가 마우스의 유방 발달에 어떤 역할을 하는지 생체 내에서 확인하는 과정 중에 생긴 일이었다. 나는 이미 유방 상피세포 특이적으로 Mind 유전자가 녹아웃된 마우스가 태어나도록 교배시킨 상태였고, 혹시나 그 마우스가 죽거나 아프지 않을까 걱정하면서 매일같이 동물실을 들락거리고 있었다. 보통 마우스를 교배하면 새끼가 평균 여덟 마리 정도 태어나는데, 나는 이미 그것들의 꼬리를 조금씩 이용해서 어떤 녀석이 녹아웃 마우스이고 어떤 녀석이 정상 마우스인지 알고 있었다. 세 케이지에서 각각 여덟 마리 정도씩 태어났으니, 멘델의 유전법칙에 따라 한 케이지당 약 4분의 1인 두 마리 정도의 녹아웃 마우스가 존재해야 했다. 당시 나는 PCR 결과 거의 4분의 1 정도의 비율로 녹아웃이 존재한다는 사실을 알고 두 달이 넘도록 매일 관찰해 오고 있던 차였다. 총 스물네 마리 중 녹아웃 마우스는 다섯 마리였는데, 그중 세 마리가 암컷이고, 두 마리는 수컷이었다. 유방의 발달과 혹시라도 생길지 모르는 유방암을 염두에 두고 있던 나는 수컷 두 마리보다는 암컷 세 마리를 집중적으로 관찰하고 있었다. 당연한 논리였다. 수컷에겐 유방이 없으니까. 그런데 이상하게도 수컷 한 마리가 태어난 지 두 달이 넘어가자시름시름 앓는 것이었다. 곧 죽을 것처럼 보여 나는 얼른 뛰어가 교수님께 알렸다. "교수님, MMTV Mind 마우스가 태어난 지 두 달이 넘었는데 죽어 가는 것 같아요. 그런데 암컷이 아니라 수컷이에요." 교수님은 그게 무슨 말이냐는 표정으로 나를 쳐다보시더니, 혹시 모르니까 마우스를 검사해 보자고 하셨다. 돌아가는 상황이 도통 이해되지 않았던 나는 그저 교수님의 지시를 따랐다. 같은 케이지 안에 있던 정상 마우스 한 마리와 죽어 가는 녹아웃 마우스 한 마리를 가지고 실험실로 내려왔더니, 민수도 와 있었다.

교수님은 수술용 장갑을 끼시고 마우스를 잡아 배를 보시더니, "뭐야? 왜 이렇게 배가 빵빵하지?" 하셨고, 아무래도 스플리너메걸리(splenomegaly)나 헤패토메걸리(hepatomegaly) 같아 보인다고 하셨다. 전자는 비장(spleen)이 비대해진 현상, 후자는 간(liver)이 비대해진 현상을 일컫는 용어다. 나는 처음 들어 보는 단어였다. 면역학을 전공하셔서 우리가 모르는 지식을 많이 알고 계셨던 교수님은 매우 진지해지셨고, 예리한 수술용 메스와 가위를 들고 숙련된 손놀림으로 직접 조심스럽게 마우스의 배를 가르셨다.

20년 넘게 실험 생물학자로 살면서 그날만큼 내 가슴이 벅차오른 순간은 없었다. 민수와 나는 입이 쩍 벌어져 아무 말도 할 수 없었다. 시간이 멈춘 듯했다. 교수님도 마찬가지셨다. 그 마우스의 빵빵했던 배는 비대해진 비장과 간으로 꽉 차 있었다. 교수님의 예측이 정확히 맞은 것이다. 교수님은 긴장의 끈을 놓지 않으시고 정확하고 빠른 손놀림으로 그 비대해진 비장과 간을 도려내셨다. 그랬더니 마우스의 배 안이 텅 빈 것 같았다. 나는 곧장 비장과 간의 무게와 길이를 쟀다. 정상 마우스의 비장은 길이가 1센티미터 남짓인데, 이 녹아웃 마우스의 비장은 3센티미터가 넘었다. 비장의 무게는 정상 마우스의 경우 70밀리그램 정도인데, 녹아웃 마우스의 비장은 13배가 넘는 940밀리그램이었다. 거의 1그램에 가까웠던 것이다. 그리고 정상 마우스의 간은 1그램 정도인데, 녹아웃 마우스의 간은 3그램이 넘었다. 비장과 간의 무게를 합치면 약 4그램이었다. 전체 몸무게가 25그램 정도인 것을 고려했을 때 체중의 약 6분의 1이 비장과 간의 무게였다. 충격적이었다. 그 장면은 지금도 생생한 영상처럼 내 머릿속에 각인되어 있다.

교수님은 이어서 면역학 전공자다운 모습으로 각 조혈 기관을 차례대로 분리해 내셨다. 조혈 과정에 문제가 생겼음을 직감하신 듯했다. 두 다리에서 뼈를 발라내어 주사기를 이용해 그 안에 들어 있는 골수를 뽑아내셨다. 그리고 곳곳에 위치한 림프절들을 분리해 내셨는데, 림프절들도 정상 마우스의 그것에 비해 대여섯 배 이상 비대해져 있었기 때문에 몸 안 어느 곳에 림프절이 있는지 쉽게 알 수 있었다. 정상 마우스에서 여러 군데의 림프절을 찾아내는 일은 웬만한 생물학자들도 어려워하는 일에 속한다. 해부학적 지식이 없는 데다 너무 작아서 잘 보이지도 않고 인접한 조직과 구별하기도 쉽지 않기 때문이다. 교수님은 초보인 나와 민수에게 림프절의 위치를 하나씩 알려 주시면서 직접 다 떼어 내셨다. 이어서 흉선도 떼어 내셨는데, 흉선은 정상 마우스의 그것에 비해 서너 배 작아져 있었다. 교수님은 그럴 줄 알았다면서 마우스가 나이가 들거나 조혈 과정에 문제가 생기면 흉선이 작아진다고 설명해 주셨다. 그리고 민수와 나에게 떼어 낸 기관에서 혈구 세포를 분리해 낸 뒤 유세포 분석기로 분석하라면서 항체 리스트를 알려 주셨다. 이미 죽은 마우스에서는 혈액을 추출할 수가 없어 아쉽다면서, 다음에는 마우스를 안락사시키기 전에 혈액 먼저 채취하라고 말씀하셨다. 군더더기 없이 깔끔하고 재빠른 손놀림으로 마우스를 해부하고, 일차적인 진단과 해야 할 실험들을 조목조목 알려 주시기까지 1시간도 채 걸리지 않았다. 그날 교수님의 모습은 나에게 깊이 각인되었고, 나는 지금도 마우스로 실험을 진행할 때면 그때 가졌던 마음을 떠올리며 숨을 고르곤 한다.

    나는 교수님의 지시대로 실험을 진행했다. 점심을 먹고 마우스를 해부했기 때문에 아마 그날은 저녁도 거른 채 늦은 밤이 되어서야 실험을 마쳤던 것 같다. 다행히 조혈 기관에서 혈구 세포를 분리하고 여러 항체로 염색한 뒤 유세포 분석기를 이용해 혈구 세포 표면에 위치한 여러 단백질의 발현 패턴을 분석하여 어떤 세포들이 각 기관을 이루고 있는지 테스트하는 건 어렵지 않게 진행할 수 있었다. 나의 대학원 시절 첫 프로젝트였던 '너무나도 정상적인' 녹아웃 마우스 분석 경험 덕분이었다. 노력은 많이 했으나 가시적인 열매를 얻지 못한 채 접었던 그 프로젝트도 궁극적으로는 내게 피가 되고 살이 되었던 것이다.

그다음 날 유세포 분석 결과를 일목요연하게 정리한 뒤 민수에게 먼저 보여 주고 나서 교수님께 보고드렸다. 교수님께는 긴 설명이 필요 없었다. 교수님은 1분 정도 말 없이 집중해서 결과를 보시더니 또다시 껑충 뛰시는 것이었다. 2년 전 그날에 보았던 모습과 똑같았다. 그리고 곧장 말씀하셨다. "이건 네이처야, 네이처!" 내 가슴은 쿵쾅대고 있었다.

며칠 뒤부터 나는 지속적으로 관찰해 오던 녹아웃 마우스들의 꼬리에서 소량의 혈액을 채취하여 그 혈액을 이루고 있는 혈구 세포를 분석하기 시작한다. 케이지를 계속 늘려 갔으며, 늘리는 대로 태어난 모든 마우스가 생후 4~5개월이 될 때까지 2주에 한 번씩 혈액 검사를 실시했다. 모두 합치면 아마도 백 마리가 넘을 것이다. 나는 당시 조직학 분야에서 우리를 도와주시던 이지나 선생님의 도움으로 슬라이드 글라스 위에 피 한 방울을 떨어뜨려 혈구 세포의 종류와 모양을 눈으로 확인할 수 있게 해 주는 도말 검사를 진행했고, 유세포 분석기로 혈구 세포의 분포도들 소사했다. 비교석 간단하고 반복적인 단순노농 같아 보였던 이 실험들은 이후 엄청난 데이터가 되어 논문에 소중하게 쓰이게 된다.

지속 관찰을 하던 중 곧 죽을 것처럼 보이는 마우스가 발생할 때마다 나는 그 마우스를 첫날 교수님이 보여 주신 대로 해부하고 분석했다. 비장, 간, 림프절이 비대해지는 현상은 일관되게 관찰되었고, 흉선이 작아지는 현상도 동일하게 나타났다. 혈액 검사에서도 늘 과립백혈구(Granulocyte) 수가 압도적으로 많았다. 정상 마우스의 말초혈액에서는 과립백혈구가 보통 10% 이내로 관찰된다. 그러나 녹아웃 마우스의 혈액에서는 많으면 80% 이상도 관찰되곤 했다. 총 백혈구 수도 많게는 정상 마우스보다 열 배 정도 늘어나 있었고, 이에 반하여 적혈구 수는 터무니없이 적어 빈혈 증상을 보였다. 조직학적인 측면에서도 눈에 띄는 차이를 나타냈다. 비대해진 비장과 간과 림프절의 단면을 관찰한 결과, 과립구와 그들의 전구 세포들이 혈관 주위 곳곳에 침투해 있었다. 이들의 침투는 다른 장기에서도 동일하게 나타났다. 신장과 폐의 단면을 조사해 봐도 그들의 존재가 확연하게 눈에 띄었다.

교수님과 나는 새로운 관찰 결과를 토대로 심도 있는 공부를 시작했다. 여러 대학병원 소속 혈액학 교수님들께 우리의 결과를 보여 드리며 자문을 구했다. 무수한 논문을 읽었고, 인터넷을 샅샅이 뒤졌다. 나는 너무나 답답한 나머지 의사인 내 아내에게도 자문할 정도였다. 그리고 우리는 마침내 잠정적인 진단명을 내리게 된다. 그것은 바로 만성 골수성 백혈병(Chronic Myeloid Leukemia)이었다. 내 가슴은 쉬지 않고 뛰었다. 심장 소리가 귓가에서 들릴 정도였다. 만약 이 질병이 백혈병이라면, 내가 연구하고 있는 조건부 녹아웃 마우스는 백혈병의 새로운 동물 모델이 되기 때문이었다.

그렇게 석 달 정도가 지나고, 일을 마치고 집으로 돌아가는 길에 우연히 주연이를 만났다. 일이 너무 급박하게 돌아가는 바람에 주연이의 일을 새까맣게 잊고 있었던 사실을 깨닫고 순간 죄책감이 밀려왔다. 걱정스러운 얼굴로 주연이에게 인사를 건네며 함께 길을 걸었다. 무슨 일 없었냐는 질문에 주연이는 또 마치 자기 일이 아닌 듯 태연하게 말했다. "다음 날 랩에 갔는데, 내 실험 테이블에 있던 버퍼랑 시약이 전부 버려져 있었어. 플라스크랑 에펜도르프 튜브는 다 설거지통 아니면 쓰레기통에 처박혀 있더라구. 그 선배는 내가 출근하는 걸 보면 들어오지 못하게 실험실 문을 잠가 버렸어. 그래서 나는 다른 사람이 문을 열어 줄 때까지 실험실에 들어가지도 못했지. 가장 저질스러운 건 내가 그 선배 앞을 지나갈 때마다 피펫 팁이나 휴지 같은 쓰레기를 던져서 날 맞추는 거였어." 단 몇 문장만 들었는데도 내 가슴은 분노로 타올랐다. 그런데 정작 주연이의 표정은 담담했다. 마치 이미 어떤 선을 넘어선 사람 같았다.

나 같으면 도저히 참지 못했을 상황이었기에 주연이에게 물었다. 왜 교수님께 말씀드리지 않았느냐고 말이다. 주연이의 대답은 놀라웠다. "도저히 그럴 수 없었어. 교수님은 그 선배를 굉장히 아끼시거든. 그 선배가 성격은 거지 같아도 연구 하나는 끝내주게 잘해. 그런데 그 선배도 나랑 있었던 사건 이후로 도둑이 제 발 저린 건지, 완전히 실험실에서 살다시피 하더라구. 지난 추석 명절 휴가도 반납하고 매일 랩에서 잤대. 새벽에도 나와서 실험하는 모습을 보였고 말이야. 교수님은 일주일에 한두 번은 꼭 새벽 3~4시에 나오곤 하셨거든. 굉장히 지능적이었던 거지."

숨이 막히는 것 같았다. 나는 각설하고, 그래서 어떡할 거냐고 물었던 것 같다. 주연이는 잘 모르겠다고 하며 여자 기숙사로 향했고 나는 대학원 아파트로 향했다. 그 학기가 지난 후 결국 주연이는 나와 함께 시작했던 석박사 통합과정을 그만두고 석사 학위로 대학원 생활을 정리한다. 주연이가 학교를 떠나기 며칠 전 동기들 모임에서 했던 말이 아직도 잊히지 않는다. "내가 왜 여길 그만두는지 알아? 난 그 선배도 참을 수 있고 교수님도 이해할 수 있었어. 그런데 랩 사람들의 반응은 도저히 못 참겠더라구. 그 선배가 실세였잖아. 다들 그 선배 눈 밖에 나기 싫어서 벌벌 기면서 모든 잘못을 내 탓으로 돌리는 거 있지? 그때 확신이 들더라. 이 랩엔 미래가 없다고. 그러니까 더 이상 시간 낭비하지 말고 빨리 나가자고."

주연이의 용기 있는 결단에 박수를 보낸다. 현재 주연이는 내 아들과 동갑인 딸 하나를 낳고 미국에서 경제학 박사 학위를 취득한 뒤 한국에 돌아와 훌륭한 교수로 일하고 있다. 이 글로 주연이의 아픈 상처를 드러내는 것 같아 주저했지만, 이 자리를 빌려 심심한 위로를 건넨다. 그리고 그 선배란 작자는 모 대학의 교수가 되었다가 교수 2년 차 때 성희롱과 대학원생 학대로 교수 타이틀을 반납했다고 한다. 그 소식을 듣고 쌤통이라는 생각이 들었다. 나는 여전히 현실에서 사필귀정이 어느 정도는 먹히고 있다는 것을 참 다행으로 여긴다.

평해

　한 번은 '셀', 또 한 번은 '네이처'. 나는 교수님을 두 번이나 점프하게 만든 유일한 대학원생이었고, 교수님의 기대를 '셀'과 '네이처'라는 단어로 직접 들은 대학원생이기도 했다. 그러나 안타깝게도 내가 《셀》이나 《네이처》의 주인공이 되는 일은 끝내 일어나지 않았다. 《셀》은 마우스 백그라운드 문제로 인해 수포로 돌아갔고, 《네이처》는 미국에 있던 어느 그룹이 다른 유전자에 의한 똑같은 표현형과 그 이면의 분자생물학적 기작을 밝혀 논문으로 먼저 보고해 버렸기에, 우리가 발견한 기이한 현상과 그 이면의 기작을 가장 먼저 세상에 공표하는 기회를 빼앗겨 물거품이 되고 만다. 나는 지금도 그때를 떠올리면 가슴 한편이 아릴 정도로 아쉽고 또 아쉽다. 내 마음속엔 아직도 그때로 돌아가고 싶어 하는 자아가 살아 있다. 과학자로서의 내 운명이 크게 갈리는 시작점이었기 때문이다.

Mind 유전자가 마우스의 유선 발달 과정에서 어떤 역할을 하는지 알아보기 위해 만들었던 조건부 녹아웃 마우스가 왜 만성 골수성 백혈병과 비슷한 표현형을 보이게 되었던 걸까? 그것도 암컷뿐만이 아니라 유방이 없는 수컷에서도? 정답은 내가 사용했던, 유방 상피세포 특이적으로 Mind 유전자를 게놈상에서 없앨 수 있는 마우스 라인이 실제로는 유방 상피세포 특이적이지 않고 다른 조직에서도 역할을 하고 있었기 때문이다. 생물학자들은 이런 현상을 가리켜 '리키지(leakage)'라고 표현한다. 물이 나와야 할 곳에서만 나오는 게 아니라 예상치 못한 엉뚱한 곳에서 물이 나올 때 우리가 물이 샌다(leak)고 표현하는 것에서 빗댄 용어이다. 나의 경우, 그 예상치 못했던 리키지가 전혀 뜻하지 않았던 혈액암과 비슷한 질병을 유도한 것이었다. 게다가 나의 발견은 비혈구 세포에서 Mind 유전자가 녹아웃 되어 혈구 세포의 질병을 유도한 이례적인 경우로 주목받게 되었기 때문에 더욱 특별한 의미를 지니기도 했다.

과학에서 중요한 발견은 이러한 우연과 오류에서 비롯되기도 한다. 그리고 이러한 발견이 논문으로 이어지기 위해 과학자에게 필요한 건, 오류처럼 보이는 예상 밖의 결과를 무시하거나 버리지 않고, 그것에서 의미를 찾아내고자 호기심을 유지한 채 스스로 질문하고 답을 찾아가는 도전적인 자세라고 할 수 있겠다. 과학자가 빛나는 순간은 논리와 이성에 의거한 계획대로 실험을 척척 진행하고 훌륭한 논문을 써내는 순간에도 있지만, 불확실성과 혼돈 속에서 가느다란 실마리를 찾아내고 법칙을 발견하여 그것의 의미와 그 이면의 기작을 찾아내고 풀어내는 순간에도 분명히 있다고 믿는다. 과학은 여전히 신비롭고 매력적인 학문이다.

2006년 여름, 우리 랩은 공동 연구를 진행하던 S 대학 L 교수님 랩, Y 대학 K 교수님 랩과 함께 평해 수련원에서 조인트 워크숍을 개최하게 된다. 그곳은 시골에 있는 폐교를 P 대학이 수련원으로 활용하고 있는 곳이었다. 포항도 서울이나 다른 대도시에 비하면 시골이라 할 수 있지만, 평해는 정말 시골이었다. 고층 건물 하나 없는 읍 단위에 해당하는 곳이었다. 수련원은 바닷가 바로 앞에 있었다. 몇 분만 걸으면 동해 바다를 만끽할 수 있었고 우린 수영복으로 갈아입고 바닷속으로 뛰어들기도 했다. 실험실이라는 좁은 공간에서 연구에만 매진하다가 이렇게 탁 트인 바닷가에서 짠내와 함께 시골의 여유를 느끼고 휴식을 취하니 몸과 마음이 정화되는 듯한 기분이었다.

그러나 워크숍은 워크숍. 과학자들이 노는 시간은 과학 하는 시간을 포함한다. 각 랩에서 네다섯 명씩 선발되어 각자 자신의 연구 성과를 20분 정도 발표하고 5분 정도 토의하는 시간을 가졌다. 평소 실험실에서도 일주일에 한 번 정도 발표를 하곤 했지만, 그것은 프로젝트가 진행되는 과정에서 꼭 필요한 문제 해결과 간단한 상황 보고 위주였다. 반면, 워크숍에서는 프로젝트 전체를 아우르는 소개부터 연구 목적, 이유, 방법, 결과, 활용 방안 혹은 의미를 짚어 보는 단계까지 일목요연하게 정리해서 발표하는 형식이었다. 그러므로 발표자는 프로젝트가 어느 정도 마무리 단계에 와 있는 연구자들 위주로 선발된다. 나도 민수도 시철이도 수준이도 그 명단에 속해 있었다.

시철이를 제외한 모두가 민수가 만든 조건부 녹아웃 마우스를 분석한 연구 결과를 발표했다. 동일한 Mind 유전자를 민수는 장에서, 수준이는 뇌에서, 나는 유방 상피세포를 타깃으로 했으나 골수를 포함한 비혈구 세포에서 녹아웃한 마우스의 서로 다른 표현형을 정리해서 보고했다. 민수의 마우스는 대장암과 관련되었고, 수준이의 마우스는 뇌 줄기세포 그리고 그것의 분화와 관련되었으며, 나의 마우스는 만성 골수성 백혈병과 비슷한 질병과 관련이 있었다. 훗날 이 세 가지 프로젝트 모두 임팩트 지수가 10점 이상 되는 저널에 게재된다.

당시 나는 이미 내가 분석하고 있던 마우스에게 생긴 혈액학적 이상 징후의 원인이 혈구 세포가 아니라 비혈구 세포에 있다는 사실을 알고 있었다. 비혈구 세포에서 Mind 유전자가 제거되면, 혈구 세포에서 이상이 생기는 기이한 현상이었다. 혈액학 관련 프로젝트를 진행할 때는 한 가지 큰 장점이 있다. 혈구 세포는 상피세포나 내피세포와는 달리 마우스 간 이식이 쉽다는 것이다. 백혈병을 치료하는 최후의 수단으로 자리매김한 골수 이식도 이에 기반한다. 평해에 오기 전 내가 실행했던 실험은 이러하다.

나는 첫 번째로, 녹아웃 마우스의 골수를 채취한 뒤, 방사선인 감마선으로 모든 혈구 세포를 제거한 정상 마우스의 꼬리 정맥 안으로 집어넣었다. 만약 녹아웃 마우스의 과립구가 많아진 골수가 백혈병 환자의 골수처럼 스스로 과다 증식할 수 있다면, 그 골수 세포가 이식된 정상 마우스 역시 동일한 질병에 걸릴 것이었다. 두 번째로, 정반대의 골수 이식도 실행했다. 정상 마우스의 골수를 채취한 뒤, 감마선으로 모든 혈구 세포를 제거한 녹아웃 마우스에게 이식했다. 이 실험은 녹아웃 마우스의 비혈구 세포가 하는 역할을 보기 위함이었다. 골수 이식은 혈구 세포만 이식하는 실험으로, 두 번째 골수 이식의 경우, 녹아웃 마우스의 비혈구 세포가 문제라면, 이식된 정상 골수 세포가 그것에 의하여 이상해져야 하는 것이었다. 두 가지 골수 이식을 실행한 뒤 한 달이 넘어가고 두 달 정도가 되었을 때 나는 확신할 수 있었다. 녹아웃 마우스의 골수를 이식받은 정상 마우스는 정상 혈액을 회복했고, 정상 마우스의 골수를 이식받은 녹아웃 마우스는 정상 혈액을 회복하지 못하고 골수 이식 전과 똑같은 상태로 돌아갔다. 아파서 죽어 가는 마우스를 보며 나는 인간으로서 그 희생에 숙연해졌지만, 과학자로서는 전율과 환희를 느꼈다. 비로소 위대한 발견의 주인공이 된 것 같은 기분이었다.

평해에서 발표를 무사히 마친 뒤 우린 랩 대항 축구 경기를 가졌다. 우리는 자신만만했다. 걱정이 없었다. 우리에겐 효영이가 있었기 때문이다. 상대는 Y 대학의 K 교수님 랩이었다. 그 랩은 경기 시작 전부터 허세를 부리기 시작했는데, 그들의 말에 따르면 그 랩엔 이천수와 이동국이 있다고 했다. 우리의 기를 꺾기 위한 말이었다. 우리도 지지 않았다. 우리에겐 기성용과 이청용이 있으며 이운재도 있다고 했다. 기성용은 효영이, 이청용은 시철이, 이운재는 나, 김영웅이었다. 그 랩에는 공격수 두 명이 있을 뿐이었지만, 우리에겐 미드필더 둘과 골키퍼 하나가 갖춰져 있던 것이다.

◆◆◆

경기는 팽팽했다. 비록 폐교 운동장에서 펼쳐진 동네 축구 경기였지만, 남이 걸린 불치병보다 내가 걸린 감기가 더 위독하게 느껴지듯, 그 경기는 우리에겐 2002 월드컵보다도 뜨거웠다. 그들은 예상대로 이천수와 이동국을 전면에 내세워 공격에 모든 것을 쏟아부었다. 그러나 이천수와 이동국은 포지션부터가 겹쳤고, 그들의 전광석화 같은 슛도 대부분 우리의 이운재가 온몸으로 막아 냈다. 기성용과 이청용은 화려한 콤비 플레이를 선보였다. 기성용인 효영이는 우리의 바람대로 중거리 대포알 슛을 두 번이나 성공시켰으며, 노련한 이청용인 시철이는 감아차기로 극장골을 터뜨렸다. 시철이가 그렇게 멋져 보였던 적은 그 이후로도 없었다.

전후반 30분씩 지나자 5:5 동점이 되었다. 연장전을 치러야 했으나 체력이 바닥 난 우리는 곧장 승부차기로 직행했다. 히딩크의 말은 진리였다. 기초 체력은 정말 중요했다. 승부차기를 위해 다섯 선수씩 선발됐다. 상대 팀부터 차기 시작했다. 마지막 순서로 이운재를 남겨 놓은 상황, 점수는 3:3 동점이었다. 내가 차서 들어가면 승리를 거머쥐는 것이었고, 성공하지 못하면 무승부로 끝날 것이었다. 긴장감이 감돌았다. 지나가던 새도 울음을 멈추었고, 살랑거리던 바람도 움직임을 멈추었다. 내 이마에서 떨어진 굵은 땀방울이 운동장 모랫바닥을 적셨다. 아, 그 순간만큼 긴장했던 적이 또 있을까. 농담 하나 보태지 않고 몇 년 후 내가 냈던 논문이 수락되던 순간보다 더 떨렸다. 눈을 감고 숨을 크게 들이마신 뒤 랩 동료들의 무언의 압박을 온몸으로 느끼면서 생각했다. 어떻게 찰까? 감아 찰까? 무회전으로 강하게 찰까? 왼쪽으로 찰까? 오른쪽으로 찰까? 땅볼로 찰까? 위로 띄울까? 오만 가지 경우의 수가 머릿속에 스쳐 갔고, 나는 내 오른발에 걸린 무게를 실감하며 결정했다. 발 안쪽으로 차되, 감아 차지 말고 왼쪽도 오른쪽도 아닌 정가운데 골키퍼 머리 위로 강하게 차자고. 나는 도움닫기를 위해 5미터 정도 뒤로 물러섰다. 그 순간 내 앞엔 아무것도 보이지 않고 오직 축구공 하나만 또렷이 보였다. 세상에는 나와 축구공밖에 없는 것 같았다. 그리고 나는 달리기 시작했다.

2006년

기억이란 참으로 알 수 없고 이해할 수 없는 그 무엇이다. 이성적으로 중요하다고 여겼던 것들은 자주 잊히는 반면, 너무 사소해서 별 의미가 없을 것 같았던 것들은 오히려 오래도록 기억에 남는다. 때로는 냄새로, 때로는 소리로, 때로는 영화의 한 장면이나 그림 한 장으로 말이다. 20년 가까이 지난 지금도 2006년 여름 평해 수련원에서의 워크숍을 생각하면 가장 먼저 떠오르는 건 폐교 운동장 한가운데, 찢어진 그물이 대충 걸려 있는 미니 축구 골대 앞에 선 내 모습과 모두가 숨죽인 채 나를 바라보고 있는 장면이다. 그날 나는 상대편 골키퍼의 머리 바로 위, 골대 아래쪽을 강타하면서 기적적인 각도로 슛을 성공시켰다. 그 순간 우리 랩 모두의 오래도록 참아 왔던 침묵은 커다란 함성으로 폭발했고, 우린 손에 손을 맞잡고 승리의 기쁨을 만끽했다. 상대 팀은 자기들이 질 줄은 꿈에도 생각지 못했다면서 혀를 찼다. 그리고 각자 뿔뿔이 흩어져 바닷가로 수영하러 갈 때 내게 위협적으로 다가와 다음에 다시 경기하면 자기네가 꼭 이기겠노라고 으름장을 놓았다. 나는 마냥 좋았다. 그러라고, 꼭 이겨 달라고 여유롭게 응답해 주었다. 솔직히 그날 우리가 승리를 거머쥔 건 실력이 아니라 행운이 많이 작용한 덕분이었다. 말이 되겠는가. 이운재가 승부차기에서 이천수보다, 이동국보다 더 기막힌 슛을 날려 골을 넣고 팀을 승리로 이끈다는 게. 어쨌거나 평해에서의 기억은 순수한 즐거움으로 남아 있다. 6년간의 대학원 생활을 떠올릴 때 기억에 남는 몇 장면 중 하나다.

　　　　평해에서의 발표는 이후 내가 과학자로서 공식적인 학회에서 발표할 때 든든한 밑거름이 되어 주었다. 2006년에 접어들면서 실험실 식구들이 진행하던 대부분의 프로젝트는 점차 견고한 스토리를 갖추어 가고 있었으며, 모두가 마우스의 표현형 분석을 넘어 그 이면에 숨겨진 분자세포생물학적인 기작을 찾아내려고 여념이 없었다. 그리고 우리는 그 연구 성과를 발표하러 국내 학회는 물론, 국제 학회에도 본격적으로 참석하기 시작했다. 그때 당시만 해도 마우스 유전학으로 특정 유전자의 기능을 생체 내에서 규명하는 연구는 드물었기에, 우리 랩에서 발견한 사실들은 국내 생물학계에서 자연스럽게 주목받을 수밖에 없었다. 우리 랩의 존재 자체가 국내 생물학계에서는 거의 독보적인 위치를 차지하고 있었다. 그리고 그건 임팩트 높은 논문을 내기에 완벽한 타이밍이기도 했다.

과학자에게 학회는 곧 소통의 장이다. 국내외 수많은 과학자의 연구 결과를 포스터 발표나 구두 발표로 직접 보고 들으면서 얼마나 다양한 주제와 관점으로, 어떤 방법과 어떤 모델로 연구를 진행하고 있는지를 그들의 연구가 논문으로 출판되기 이전에 미리 알 수 있는 중요한 자리가 된다. 과학자들은 학회 참석을 계기로 공동 연구를 시작하게 되기도 하고, 이름만 알던 과학자들을 실제로 대면하기도 한다. 그리고 대학원생들에게는 향후 박사후연구원 자리를 알아볼 소중한 기회로 작용하기도 한다. 실험실 세팅의 일등 공신이자 나의 스승이었던 민수도 나중에 이러한 기회의 주인공이 된다.

2006년은 과학계, 특히 줄기세포 분야에서 커다란 한 획을 그은 해였다. 일본의 과학자 신야 야마나카(Shinya Yamanaka)가 《셀》지에 발표한 한 논문 때문이었다. 지금은 수많은 실험실에서 루틴한 방법으로 사용되는 유도 만능 줄기세포(induced Pluripotent Stem Cell, iPSC)의 첫 출현이었다. 바로 그 몇 달 전, 우리나라 과학계를 뜨겁게 달구었던, 그리고 모든 과학자를 부끄럽게 만들고 분노하게 했던 황우석 사건이 논문 철회로 마무리된 이후라서 그랬는지 야마나카의 발견은 더 큰 의미로 다가왔다. 우리는 한동안 황우석 사건과 야마나카의 발견에 대해 입이 마르도록 이야기했다.

또한 그즈음은 줄기세포와 암세포의 공통점이 주목을 받고 암 줄기세포(Cancer stem cell)라는 단어가 정착되는 시기이기도 했으며, 줄기세포와 암세포가 몸 안에서 아무 데나 위치하는 게 아니라 특정한 환경에 자리한다는 니치

(Niche) 개념이 점점 견고하게 정립되던 시기이기도 했다. 민수가 만들고, 실험실의 여러 대학원생이 맡아서 분석했던 조건부 녹아웃 마우스들은 하나같이 여러 성체 줄기세포의 신비를 푸는 데 필요한 신호 전달, 그리고 그것을 이루는 분자세포생물학적인 기작과 연결 고리를 가졌기 때문에 우리의 연구는 우리의 의지와 상관없이 시대의 흐름에 발맞추어 나가고 있었다.

바로 이러한 시대의 흐름 속에서 우리 실험실에서도 첫 박사가 탄생하게 된다. 민수가 2년간의 석사 생활과 4년간의 박사 생활을 마치고 마침내 박사 학위를 받게 된 것이다. 교수님께서는 첫 제자가 성공적으로 랩을 세팅하고 우수한 업적을 내며 박사 학위를 받게 된 것에 감격하셨다. 민수로부터 거의 모든 것을 배우며 함께 성장해 온 나머지 랩 식구들도 감격에 겨웠던 건 마찬가지였다. 민수의 박사 디펜스 때의 일화는 지금도 생생하게 기억나며 우리 실험실에는 하나의 전설로 남아 있다. 그 일화를 여기서 소개하지 않을 수 없을 것 같다.

우린 모두 응원하는 마음으로 민수의 박사 디펜스에 청중으로 참석했다. 민수는 언제나처럼 당당하면서도 조심스러운 태도로 발표를 진중하고 깔끔하게 마무리했다. 발표가 제시간에 끝나자, 논문 심사 위원으로 자리한 다섯 분의 교수님들이 차례로 질문을 던지셨다. 그중 한 교수님의 질문과 그에 대한 민수의 답변이 압권이었다. 그 교수님이 대뜸 이렇게 물으셨다. "구민수, 발표 잘 들었네. 발표에 따르면 자네는 엄청나게 많은 일을 한 것 같은데, 그 중에서 진짜 자네가 한 일은 뭔가?" 이미 다른 실험실 선배들의 박사 디펜스에 참석해 본 적이 있던 나는 그 질문의 숨은 의도를 알 수 있었다. 박사 디펜스 발표 자료에는 무수한 실험 결과가 압축적으로 담기는 게 일반적이다. 그 결과 중엔 발표자 본인의 손을 직접 거치지 않고, 도움을 받았거나 공동 연구를 진행했던 팀의 결과가 섞여 있게 마련이다. 특히 생물학계에서는 하나의 논문을 써내기까지 결코 혼자만의 힘으로는 불가능한 경우가 많다. 그러므로 스스로 주도하여 진행했던 연구가 아니라면 아무리 디펜스 발표를 잘했다 하더라도 그 발표자에게 박사 학위를 수여할 수 없다는 논리가 그 교수님의 질문 이면에 숨어 있

✦✦✦

던 것이다. 그리고 그 논리는 박사라는 단어의 본질적인 의미에서 비롯된다. 박사란 독립적으로 연구를 수행할 수 있는 능력의 소유자를 뜻하는데, 어떤 관찰 결과로부터 가설을 세우고, 그것을 검증하기 위해 실험을 디자인할 수 있으며, 디자인대로 실험을 계획할 수 있고, 계획한 대로 실험을 수행할 수 있으며, 수행한 실험 결과를 분석하고 해석하여 의미를 도출해 낼 수 있고, 그 의미를 논문으로 써낼 수 있는 연구자가 바로 박사이기 때문이다.

민수는 1초의 망설임도 없이, 그러나 끝까지 겸손한 태도로 대답했다. "네, 다 제가 주도한 것 맞습니다." 그 교수님은 되물으셨다. "아니, 자네가 그 많은 마우스를 다 만들고 분석까지 다 했단 말인가?" 민수는 조용히 "네." 하고 응답했다. 그 교수님은 우리의 지도교수님을 바라보셨고, 우리 지도교수님은 "맞습니다. 구민수 군이 전부 주도해서 시작하고 진행하고 마무리했습니다. 물론 랩 후배들이 도와주긴 했지만, 그건 후배들에겐 배움의 시간이었을 테고, 구민수에게는 후배를 가르치는 시간이었습니다."라고 말씀하셨다. 이에 그 교수님은 곧장 우리 쪽을 쳐다보셨는데, 우리는 모두 너무나 당연한 사실이라는 표정을 짓고 있었고, 그 순간 수준이와 시철이가 거의 동시에 "사실입니다."라고 말했다. 그제야 그 교수님은 믿기 힘드나 사실임을 인정하시는 듯, 놀라움과 흐뭇함이 뒤섞인 표정을 지으셨다.

민수는 우리 실험실의 첫 대학원생이자 첫 논문의 주인공, 그리고 첫 졸업생이자 첫 박사 학위의 주인공이었다. 민수의 졸업은 우리에겐 일종의 자신감을 불어넣어 주는 역할도 했던 것 같다. 논문 심사 위원 교수님들을 감동케 할 정도의 우수한 결과로 졸업하고 박사 학위를 받은 민수의 모습을 직접 두 눈으로 확인한 우리에게는 그것이 바로 가까운 미래에 선보일 우리 자신의 모습일 수 있다는 희망으로 다가왔던 것이다.

졸업 후 민수는 논문으로 마무리 짓지 못한 몇몇 프로젝트들을 완성하기 위해 박사후연구원으로서 우리 랩에 3년간 더 머물게 된다. 그리고 민수의 졸업과 함께 랩에는 새로운 식구가 들어왔다. 전형우와 모선경. 이 둘은 동갑내기로, 서로를 아끼면서도 못 잡아먹어서 안달인 사이로 발전하게 되는데, 도저히 배꼽을 잡고 웃지 않을 수 없는 에피소드 몇 가지를 풀어 볼까 한다. 때는 2007년 봄, 나의 대학원 5년 차가 시작될 무렵이었다.

4부

대학원 5, 6년차 시절

라면을 끓이며

    랩이라고도 부르는 실험실은 대학원생들의 삶의 터전이다. 이 말이 과장이 아닌 이유는, 대학원생들은 먹고 자고 씻는 기본적인 생활 이외의 시간엔 보통 랩에 상주하기 때문이다. 수업이 없는 방학 때면 특히 더 그렇다. 방학이란 단어는 수업을 하는 교수님들의 언어에 속한다. 대학원생에게 방학은 본격적인 연구의 시간이다.

    그러나 랩에서 연구만 한다면 삶의 터전이라는 말이 무색해지지 않겠는가. 기계가 아닌 이상, 대학원생들도 일만 할 수는 없다. 그들도 웃고 떠들며 논다. 서로 주고받는 농담은 삶의 활력소가 되고, 랩이리는 하니의 배기 순항

할 수 있는 동력이 되며, 지치고 힘들 땐 위로도 된다. 하루 중 가장 많은 시간을 보내는 랩이라는 공간에서 이런 소소한 즐거움이 사라진다면, 중요한 유전자가 녹아웃된 마우스가 태어나지도 못하고 죽는 것처럼, 랩도 결국 살아남지 못할 것이다.

줄기세포 분야뿐 아니라 랩에서도 정말 많은 일들이 벌어졌던 2006년, 형우와 선경이가 신입생으로 들어왔다. 톰과 제리 같은(누가 톰이고 누가 제리인지는 모호하지만) 이 둘의 기묘한 공생은 다음에 소개할 에피소드에서 그 빛을 발한다.

당시 랩 옆에는 전자레인지, 냉장고, 정수기 및 약간의 식기류와 컵들 그리고 테이블 하나와 낡은 소파가 배치된 조그만 휴식 공간이 있었다. 연구에 지칠 때면 우리는 그곳에서 커피나 차를 마시며 담소를 나눴고, 허기질 때면 간단하게 라면을 끓여 먹거나 편의점에서 사 온 냉동식품을 데워 먹기도 했다.

형우와 선경이가 어느 정도 랩에 적응했을 무렵, 그리고 그들의 후배인 린과 주혜와 윤지가 막 입학한 시기였으니 2007년 초봄이었던 것 같다. 그날 저녁 우리의 쉼터에선 민수가 어디선가 배워 왔다면서 봉지 라면(진라면이었던 것 같다)을 큰 사발에 담아 물을 넣고 전자레인지로 끓여 먹는 시범을 선보이고 있었다. 사발면이 지겨워진 우리는 봉지 라면을 이렇게 간편하게 먹을 수 있다는 사실에 들떴고, 민수가 끓인 라면을 맛보려고 너도나도 기다리고 있었다. 성공한다면 이건 개혁이었다. 물론 군대에 다녀온 나는 뽀글이라는 존재를 알고 있었지만, 전자레인지를 이용해 물을 끓여 라면을 조리한다는 건 뭔가 좀 더 과학적이고 멋져 보였다. 뽀글이는 뜨거운 물, 아니 식어 가는 물에 라면을 퉁퉁 불려 먹는 것에 지나지 않으니까. 시철이와 나도 나무젓가락을 하나씩 들고 기다리고 있었다. 옆에서는 남순이가 '오빠, 언제 먹을 수 있어요?'라는 가사가 하나뿐인 노래를 무한 반복해서 부르고 있었고, 수준이는 언제나처럼 다 되면 부르라면서 친절하게 한마디 남기고는 다시 실험실로 들어갔다. 배드민턴을 치고 온 효영이도 배가 고팠는지 한쪽 구석에서 라켓을 들고 헤어핀 연습을 하며 기다리고 있었다. 민수는 상황의 심각성을 눈치챘는지 마치 자기가 뭐라도 되는 것처럼 어깨에 잔뜩 힘이 들어간 채 전자레인지를 째려보고 있었다. 말을 걸면 큰일 날 것 같은 포스였다.

그때였다. 아까부터 소파 구석에 앉아 티격태격하던 형우와 선경이는 어릴 때 즐겨하던 놀이를 들먹이기 시작했다. "니, 다방구 아나?" 하고 선경이가 물었고(참고로 선경이는 경상도 사투리를 유창하게 구사했다), 형우(형우도 경상도 남자다)는 당연히 안다며, 그럼 너는 얼음 물이 뭔지 아냐고 되물었다. "얼음 무~울?"이라고 바로 되받아치며 선경이가 말했다. "얼음 물이 뭐꼬, 얼음 불이지!" 처음 들어 보는 말에 입이 떡 벌어진 형우는 얼음과 물의 상태 변화를 굳이 언급해야 하는지 모르겠다면서 어느점을 설명하며 얼음 불이 아니라 얼음 물이어야 하는 이유를 논리적으로 반박했다. 이에 질세라 선경이는 "듣다 듣다 고런 궤변은 첨 들어 보네."라면서, 얼음은 멈추는 거고 불은 불처럼 재빨리 뛰라는 말이라며 얼음 물이 아니라 얼음 불이어야 하는 이유를 늘어놓았다. 나로선 듣다 듣다 그런 궤변은 정말 처음 들어 보는 것이었다. 그 얘기를 듣던 우리는 모두 뜨악한 표정으로 선경이를 보고 있었는데, 겸연쩍어진 선경이는 대뜸 "니는 그러면 시마 맞추기 아나?"라고 물으며 전세를 역전시키려 했다. 형우는 "당연히 알지. 깽깽이로 뛰다가 돌 맞춰서 넘어뜨리는 거 아이가?"라면서 선경이를 확인 사살했고, 선경이는 잠시 침묵을 지켰다. 그렇게 상황이 종료된 줄 알았건만, 그게 아니었다. 선경이는 다음 수를 짚어 보고 있던 것이다. 선경이는 자기는 철봉을 했다면서 뚱딴지같은 말을 꺼냈다.

사람들은 순간 당황했지만, 눈치 빠른 형우가 태연한 척 느긋한 어투로 받아쳤다. "철봉에서 하는 놀이들도 많지요~ 허수아비 같은 거." 사람들은 고개를 끄덕인 반면, 선경이는 마치 한심한 인간들을 쳐다보는 듯한 눈빛으로 발언을 이어 갔다. "아, 그런 거 말고! 난 하루 종일 철봉만 해서 엄마가 이제부터 철봉 하지 말라고 혼내기도 했단 말이야!" 사람들은 이게 무슨 대화인가 싶어 말문이 막혔고, 참다못한 남순이가 어이없다는 듯 갑자기 대화에 끼어들었다. "선경이 너, 그럼 철봉 잘해?" "네, 잘해요." "선수들처럼 해?" "네!" "선수들은 철봉에서 막 돌고 여기저기 뛰어다니고 그러는데?" "네! 선수들만큼 해요!"

우리는 또 한 번 경악했고, 계속해서 전자레인지를 째려보고 있던 민수도 잠시 집중력을 잃은 듯해 보였다. 비장한 기운마저 감도는 싸늘한 분위기. 남순이가 다그치며 말했다. "그럼 해 봐! 해 봐!" 그러자 선경이가 기죽은 듯 대답하는 것이었다. "지금은 살쪄서 못 해요."

뭔가 대화다운 대화를 기대했던 게 무리수였다. 그런데 그 순간 남순이가 한마디를 더했다. "너 그럼 철봉 많이 해서 목도 짧은 거야?" 어이없는 대화를 인신공격적 발언으로 역전시키려는 의도 같았다. 지긋지긋한 사발면에서 해방되어 처음 전자레인지로 라면을 끓여 먹는 날인데, 선경이 때문에 분위기가 흐트러져 언짢았던 모양이었다. 그러나 선경이는 끝까지 지지 않았다. "저 목 안 짧아요!" 우린 다 같이 남순이 편을 들었다. "너 목 짧잖아~" 이에 선경이가 대답했다. 잊지 못할 명언이었다. "… 어깨가 높은 거예요."

순간 띵! 하면서 전자레인지 라면이 완성되었다. 이 띵 소리는 선경이가 명언을 던진 후 싸해진 분위기를 어색하지 않게 해 주었다. 민수는 장갑을 낀 두 손으로 사발을 조심스럽게 꺼냈다. 라면의 면발이 갈색빛을 입고서 표면에 드러난 채 말라 있었다. 국물이라 할 것은 가장자리에 말라비틀어진 갈색 띠를 띤 모습으로 그 존재를 어림짐작할 수 있었다. 우린 고고학 전공자가 된 것 같았다. 그리고 민수가 말했다. "이런, 또 실패네." 효영이는 배드민턴 라켓을 가방에 집어넣었고, 시철이와 나는 다음엔 물을 좀 더 넣어 보자며 민수를 위로했고, 형우와 선경이와 남순이는 테이블 밑에 쌓여 있는 사발면을 하나씩 꺼냈다. 그날 우린 그렇게 뿔뿔이 흩어졌지만, 선경이의 명언은 영원성을 가진 채 15년이 넘도록 이렇게 살아 있다. 목이 짧은 게 아니라 어깨가 높은 것이라는 말. 그것은 인신공격에 대한 비폭력 저항이었고, 소신 있는 발언이었으며, 인식의 전환이었다.

한 가지만 더 기억에 남는 에피소드를 소개할까 한다. 어느 날 오후였다. 남순이 수변에는 몇몇 사람이 모여 남순이의 가족사진을 구경하고 있었다. 남순이는 요즘 시대에 보기 드문 7남매로, 막내만이 Y 성염색체를 가지고 태어났다. 그러니까 딸, 딸, 딸, 딸, 딸, 딸 그리고 아들이었던 것이다. 사람들은 사진 속 남순이의 큰언니(아니, 큰언니가 아니었나? 몇 번째 언니였는지 기억이 안 난다)를 보며, 아버지를 많이 닮은 것 같다고들 이야기했다. 바로 그때, 선경이가 묻지도 않은 답을 내뱉는 것이었다. "원래 큰딸은 아빠를 닮는 거예요." 나는 분명히 기억한다. '거래요'가 아니라 '거예요'였다! 어디서 주워들은 말을 전하는 게 아니라 무식한 우리에게 가르침을 주고 있었던 것이다. "오… 그래?" 하면서 사람들은 그럴 수도 있겠다 싶어 하는 눈치였다. 그러나 이내 남순이가 반론을 제기했다. "나 아는 사람은 큰딸인데 엄마 닮았던데?"

사람들은 일제히 선경이를 쳐다보았다. 이번엔 또 어떤 재기 발랄한 말을 쏟아 낼 것인지 궁금하기도 했고, 우리를 가르치려는 뉘앙스의 선경이가 남순이에게 당하는 꼴도 보고 싶었던 것 같다. 잠시 침묵이 흘렀고 드디어 선경이가 입을 열었다. 너무나 당연한 말을 해야 하는 자신이 어처구니없다는 듯한 표정을 역력하게 지으면서 말이다. "원래 아빠를 안 닮으면 엄마를 닮는 거예요!" 옆에서 96개 중 83번째 샘플을 집어넣던 나는 그 순간 순서를 까먹고 말았다. 속으로 생각했다. '으이구, 그럼 옆집 아저씨 닮겠냐?' 우린 이제는 익숙해질 법한 싸한 분위기 속에서 다시 뿔뿔이 흩어졌다. 나는 다시 PCR을 준비했다. 선경이는 형우를 따라 실험실 밖으로 나가면서 자기 말이 맞지 않냐고 강력하게 항의했고, 형우는 니 말이 맞다면서 어린아이 달래듯 말해 주었다. 그날 우린 자식이 아빠를 닮지 않으면 엄마를 닮게 된다는 유전학의 진리를 다시 한번 확인할 수 있었다. 선경이는 우리에게 자명한 진리에 새로운 옷을 입혀 낯설게 보게 하여 다시금 깨닫게 만드는 놀라운 재주를 지닌 사람이었다.

아, 선경이는 지금 어디서 뭐 하고 있으려나? 결혼은 했을까? 아, 참고로 민수는 그 후로 한 번 더 실패의 쓴 잔을 마신 뒤 전자레인지로 라면 끓여 먹기에 성공을 해낸다. 4전 3패 1승의 기록을 남기고서 말이다. 덕분에 테이블 아래에서 사빌먼이 점차 사라지고 진라면, 신라면, 너구리, 짜파게티 등이 그 자리를 메웠다. 그런 사소한 것들 하나에 웃고 즐거워하던 그 시절이, 그때보다 모든 게 너무나도 풍족해진 지금 무척이나 그립다. 전자레인지 라면 하나로 행복해하던 그때로 잠시라도 돌아가고 싶다. 시답잖은 대화를 들으며 전혀 뜻하지 않은 시공간, 예상치 못한 사람으로부터 진리를 확인하던 그 시절로 말이다.

캐나다

배낭여행이니, 젊은이의 객기니 패기니 하며 가방 하나 달랑 들고 비행기 타고 해외로 나가 보는 경험은 대학원생들에겐 좀처럼 허락되지 않는 사치와도 같다. 일단 물리적인 시간이 허락되지 않는다. 적어도 우리나라 대학원생에게는 기껏해야 일 년에 일주일 정도의 휴가가 주어진다. 둘째는 금전적인 문제다. 대학원생이 받는 월급으로는 등록금을 내고 기숙사나 대학원 아파트 사용료를 내고 한 달 식비와 휴대전화 요금 등을 제외하면 거의 남지 않는다. 저축은 꿈도 꿀 수 없다. 설사 스크루지처럼 남는 돈을 일 년 내내 악착같이 모은다 해도 비행기 편도 티켓 하나 살 수 없을 것이다.

그러나 이러한 모든 한계를 뛰어넘어 해외를, 그것도 경치 좋고 유명하다고 보장된 곳을 가 볼 수 있는 공식적인 기회가 대학원생에게도 주어진다. 바로 해외 학회 참석이다. 연구비에서 모든 비용이 지출되며, 개인 휴가를 사용하지 않아도 된다. 일석이조, 금상첨화인 것이다. 그래서 대학원생들은 해외 학회 참석을 갈망한다. 특히 나처럼 경제적으로 여유롭지 못했던 대학원생에게는 더욱 그랬다. 현실적인 이유로 해외를 경험할 유일한 방편이었기 때문이다.

2007년은 랩이 생긴 지 7년째 되던 해였다. 연구에 박차를 가하던 시기였기에 교수님은 친히 안식년을 미루셨다. 그에 암묵적인 책임감을 느낀 우리는 각자 맡은 프로젝트를 논문으로 열심히 마무리하는 중이었다. 민수가 만든 조건부 녹아웃 마우스들이 모두 근사한 표현형을 나타내면서 충분히 좋은 논문으로 이어질 가능성이 높았던 시기이기도 했다. 나 또한 국내 학회에서 2년 연속으로 면역학 분야 포스터 발표 최우수상을 거머쥐었던 터라 자신이 있었다. 그때만 해도 정말 《네이처》에 첫 저자로 내 이름을 싣는 건 따 놓은 당상이라 믿어 의심치 않았다. 나의 교만은 하늘을 찔렀다. 교수님의 두 번째 점프는 그 당시 나에겐 곧 실현될 예언처럼 느껴졌다. 포스터 발표라도 하지 못할 거라면 해외 학회 참석은 지원해 주시지 않겠다는 교수님의 방침에 따라 우리는 국내 학회만 전전하고 있던 차에, 2007년 처음으로 해외 학회에 참석할 기회가 열렸다. 장소는 캐나다 밴쿠버였다. 랩에서 최고참이었던 민수와 막내였던 린, 주혜, 윤지를 제외한 모두가 참석하게 되었다.

촌놈이었던 나는 신혼여행차 제주도에 갈 때 비행기를 타 본 적은 있었지만, 우리나라를 벗어나는 경험은 그때가 처음이었다. 이 학회 참석을 위하여 석 달 전에 처음으로 여권을 만들기도 했다. 여권 사진을 찍느라 사진관에 들러 찰칵 터지는 조명 앞에서 어색해하던 내 모습이 어렴풋이 기억난다. 캐나다라니! 그것도 밴쿠버라니! 내 마음속은 온통 핑크빛 설렘으로 가득 차 있었다.

나와 같은 촌놈이라 여겼던 형우는 베트남에 다녀

온 적이 있다고 했다. 수준이와 남순이는 신혼여행을 외국으로 다녀왔고 여러 번 해외로 가족 여행을 다녀온 경험이 있다고 했다. 효영이 역시 마찬가지였다. 한번은 배드민턴 결승전을 보기 위해 싱가포르에 다녀온 적도 있다고 했다. 하지만 선경이는 비행기 자체를 처음 타 본다고 했다. 괜스레 마음이 놓였다. 선경이는 언제나 뜻밖의 위로가 되어 주는구나 싶었다.

마침 시철이의 친척이 밴쿠버에 있어서 그분의 추천을 받아 비교적 저렴하고 안전하며 경치 좋은 곳에 숙소도 예약해 두었기에 모든 여행이 순조로울 예정이었다. 우린 다들 저마다의 기대로 벅차 있었다. 비행기 경험이나 해외 경험을 차치하고 해외 학회 참석은 모두에게 처음이었기 때문이다. 우리는 모두 어쭙잖은 영어 실력으로 포스터 발표를 준비했었다.

포스터 발표는 구두 발표와 달리, 발표자나 청자 모두 집중력이 떨어지기 쉽다. 한 세션에 수십 장의 포스터가 즐비하고, 그에 따른 수십 명의 발표자와 그보다 두세 배는 더 많은 청자들이 자유롭게 오가면서 대화를 나누기 때문이다. 가벼운 맥주 한 병씩을 든 청자들도 심심찮게 볼 수 있는데, 그 맥주는 학회 측에서 제공하는 것이며, 이는 포스터 발표라는 시스템이 얼마나 편안하고 자유로운지 알려 준다. 발표자는 청자가 어떤 질문을 하더라도 즉각 대답할 준비가 되어 있어야 하며, 전체 내용을 5분 안에 요약해서 간결하게 전할 수 있어야 한다. 특히 모국어가 아니라면 요약문을 미리 써서 외우거나 숙지해 두는 편이 좋다. 나도 어디서부터 시작해서 어떻게 스토리를 풀어 나갈지, 핵심 메시지의 임팩트가 경감되지 않는 수준에서 5분 버전과 3분 버전을 각각 준비했었다.

비행기 안에서 10시간이 넘도록 불편하게 앉아 있었음에도 나는 마냥 좋았다. 영화도 세 편이나 보고, 기내식도 두 번이나 제공받고, 음료수도 마시고, 맥주도 마시면서 즐겁게 밴쿠버에 도착했다. 그리고 우린 버스를 타고 3박 4일 동안 머물 숙소로 이동했다. 모든 게 낯설고 신기했다. 하늘의 색부터 달라 보였다. 당연한 말이지만, 모든 사람이 영어로 말하고 있었다. 살짝 두렵기도 하고 긴장되기도 했다. 정말로 다른 세상에 온 것 같은 기분이었다.

학회 일정을 보니 아침 9시부터 저녁 8시까지 중간중간 15분 또는 30분의 커피 브레이크, 1시간의 점심시간에 이은 2시간의 오후 휴식 시간을 제외하면, 구두 발표가 빼곡하게 계획되어 있었다. 첫째 날 저녁부터 학회 일정이 시작되었다. 줄기세포 분야의 저명한 과학자들이 대거 초청되어 있었다. 논문에서 이름으로만 보던 과학자들의 얼굴을 직접 보고 그들의 목소리를 직접 들을 수 있어서 신기했다. 영어를 다 알아들을 수는 없었지만, 파워포인트 자료를 함께 보며 집중하니 대부분의 내용을 이해할 수 있었다. 첫 학회라 그랬는지 우린 모두 정말 몰입하고 있었다.

나중에 알게 된 사실이지만, 학회는 크게 두 가지로 나뉜다. 쉽게 말하자면 소규모와 대규모인데, 소규모라 함은 참석 인원이 300명 이내로, 어떤 연사가 구두 발표를 진행하면 모든 참석자가 함께 경청하는 시스템을 일컫고, 대규모라 함은 참석 인원이 많게는 수천 명이 넘으며 여러 세션이 동시에 여러 장소에서 진행되기 때문에 참석자는 미리 계획을 짜서 그 시간에 어느 발표를 들을지 정해야 하는 시스템을 일컫는다. 우리가 참석한 학회는 소규모 학회였다. 그 이후로 박사후연구원 과정에서 나는 여러 차례 학회에 참석했지만, 개인적으로는 소규모 학회가 대규모 학회보다 더 알차고 배울 게 많았다. 무엇보다 사람들과 긴밀하게 소통할 수 있었기 때문이다. 이름만 알던 유명인을 앞에 두고 포스터 발표를 하며 질의응답을 할 수 있는 기회는 아무래도 소규모 학회에서 더 자주 주어진다. 대학원생에게 그런 기회는 영광스러운 기억으로 자리하게 된다. 그리고 경우에 따라 그 랩에 박사후연구원으로 들어갈 수 있는 기회가 열리기도 한다. 이는 1년 뒤 민수에게 벌어질 일이기도 했다.

이튿날 저녁, 하루 종일 영어 발표를 몰입해서 듣느라 지친 우리는 다 같이 모여 맥주 한잔을 곁들이며 저녁 식사를 했다. 학회에서 받은 인상은 저마다 달랐지만 우린 모두 어느새 해외 학회 예찬론자가 되어 있었다. 매년 한 번씩은 무슨 수를 써서라도 꼭 해외로 나오자는, 결코 장담할 수 없는 희망의 약속을 나누면서 말이다. 마침 그날 오후엔 포스터 발표자의 절반이 발표하는 시간이 있었는데, 나는 시차 적응 실패와 더불어 배탈이 나는 바람에 오후 2시간의 휴식 시간에 숙소로 들어와 잠을 청했고, 그 후에 이어졌던 2시간짜리 포스터 발표에도 참석하지 못했었다. 그런데 뒤늦게 저녁 식사 자리로 온 효영이가 다급한 목소리로 말했다. "형, 아무래도 큰일 난 것 같은데요." 효영이가 그렇게 진지한 투로 말하는 건 드문 일이었기에 모두가 귀를 기울였다. 나는 무슨 일이냐고 물었고, 효영이는 "형이 직접 보셔야 해요."라며 나를 학회장으로 끌고 가려 했다. 상황의 심각성을 직감한 나는 잠시 다녀오겠다면서 효영이와 함께 나섰다.

효영이가 흥분했던 이유는 어느 한 포스터 때문이었다. 그 포스터는 발표 시간이 거의 끝날 때쯤에야 붙여졌다며 효영이가 계속 말을 이었다. "형, 이거 보세요. 형 스토리랑 완전 똑같아요. 유전자만 다를 뿐 스토리 진행이 완전 판박이에요."

효영이에게 고맙다는 말 한마디조차 못한 채 나는

그 자리에서 얼어붙고 말았다. 그랬다. 정말 그랬다. 재빠르게 포스터 내용을 확인해 보니, 녹아웃한 유전자만 다를 뿐 스토리 전개가 내가 준비하고 있는 논문 및 포스터 발표의 스토리 전개와 거의 똑같았다. 혈구 세포의 문제가 비혈구 세포의 유전자 결함 때문이라는 핵심 메시지가 동일했고, 그것을 증명하기 위해 골수 이식을 여러 가지로 진행한 방법도 동일했다. 게다가 더 충격적이었던 건, 그 포스터 발표자가 하버드와 MIT가 공동 설립한 기관에 속한, 그 분야의 대가로 알려진 J 교수님의 실험실 출신이라는 점이었다. 그 실험실은 인원만 해도 스무 명이 넘으며, 그 분야만 집중적으로 연구하여 전 세계적으로도 선두 그룹에 속하는 곳이었다. 나도 그 실험실에서 출판한 논문들을 여러 편 읽었고, 덕분에 많은 지식과 기술을 익힐 수 있었다. 그런데 내가 그렇게나 존경하고 만나 보기를 고대하던 실험실에서 나온 연구 결과가 환하게만 보였던 내 미래의 불빛을 꺼 버린 것이다.

충격을 받은 나는 효영이를 저녁 식사 자리로 돌려보내고 혼자서 길을 걸었다. 밴쿠버의 밤, 아름다웠어야 할 그 야경도 모두 부질없어 보였고 너무 인공적인 것 같았다. 영어로 지껄이는 주위 사람들에 짜증이 났고, 나는 왜 이 따위인가 싶기도 하고, 이건 앞으로 과학을 하지 말라는 계시인 것 같다는 생각도 했다. 터벅터벅 걷던 밴쿠버의 밤거리. 그 거리에 덩그러니 혼자 남겨진 듯한 기분에 휩싸였던 내 모습이 지금도 눈에 선하다.

다음 날 아침, 함께 간 랩 사람들은 얘기를 전해 들었는지 나에게 말을 아꼈고, 나는 그들의 배려를 고맙게 받아들이며 온종일 입을 다물고 있었다. 그날은 나도 포스터를 발표해야 하는 날이었지만, 내 머릿속은 온통 그 포스터 생각으로 가득 차 있었다. 유명 인사들의 구두 발표도 귀에 들어오지 않았다. 커피 브레이크마다 사람들의 가슴에 달린 명찰을 힐끗힐끗 훔쳐보며 그 포스터의 발표자를 찾아다녔다. 그리고 점심시간 직전, 마침내 그를 찾을 수 있었다.

 위로

나의 박사과정 4년을 물거품으로 만들 수 있는 주인공의 면상을 보자마자 분노가 치밀었다. 그는 삐쩍 마른 체형의 중동 사람 같아 보였다. 다가가서 말을 걸어 보려는 찰나, 동료로 보이는 사람이 선수를 치는 바람에 나는 그냥 지나칠 수밖에 없었고, 포스터 세션에서 제대로 대화하자고 마음먹었다. 그도 내 포스터를 봤을 테고, 내용이 비슷하다는 사실을 알아챘을 테니까.

포스터 세션이 시작되고 여러 사람에게 질문을 받고 대답도 하면서 열띤 토론을 이어 갔다. 그러나 내 머릿속은 온통 그 사람 생각뿐이었다. 두 시간이 다 되어 갈 무렵까지도 그는 나타나지 않았다. 나는 다시 분노를 느꼈고, 몇 시간 전 마주쳤을 때 더 적극적으로 말을 걸지 않았던 것을 후회했다. 그리고 분명 내 포스터 내용을 알 텐데도 얼굴조차 보이지 않는 것이 화가 났다. 나를 무시하는 건가 싶어 가슴이 쉴 새 없이 쿵쾅거렸다.

두 시간이 다 지나고 사람들은 하나둘씩 포스터를 접기 시작했다. 나도 그러려던 순간, 한 사람이 다가와 내 포스터를 물끄러미 바라보았다. 나는 설명이 필요하시면 알려 달라고 말한 뒤, 옆에 가만히 서 있었다. 그런데 그 사람이 이렇게 말하는 것이었다. "Hi, I saw another interesting poster which has the same story as yours except the mouse model(안녕하세요. 당신의 연구와 마우스 모델만 다르고 똑같은 스토리를 가진 다른 포스터를 봤어요)." 나도 안다고 태연하게 말하며 그 발표자가 오길 기다렸지만 결국 오지 않았다고 했다. 그랬더니 그녀가 이렇게 응답하는 것이었다. "Actually, I am the second author of the poster. We submitted the manuscript to the Cell journal a month ago and received reviewers' comments around at noon today. That's why he, I mean the first author, was not able to come to your poster. He got very excited because the reviewers' comments were very positive(사실 저는 그 포스터의 두 번째 저자예요. 저희는 한 달 전에 이 내용의 논문을《셀》지에 투고했고, 오늘 정오쯤에 심사 평가를 받았어요. 그래서 그 발표자, 그러니까 첫 저자가 당신의 포스터를 보러 오지 못한 거예요. 심사 평가가 상당히 긍정적이어서 그는 지금 무척 흥분해 있거든요)."

나는 그녀의 친절한 말을 듣고 그 발표자가 왜 이번 포스터 세션에 나타나지 않았는지 알게 되었지만, 나의 분노는 질투까지 합세하여 더 커지기만 했다. 내가 할 수 있는 건 패배의 쓴잔을 마시는 것뿐이었다. 손쓸 수 없는 상황. 완벽한 패배. 이것이 내가 받아들여야 하는 현실이었다. 하필 태어나 처음 나와 본 이국땅 캐나다에서 말이다. 티를 내지 않으려 애썼지만 그녀는 내 표정을 보고 나의 심정을 간파한 듯했다. 내 이메일을 알려 달라고 했고, 자기가 그 사람에게 전달해 연락하라고 말해 줄 거라 했다. 미안하기도 하고 고맙기도 했던 나는 그녀의 노트에 내 이메일을 적어 주었다.

◆◆◆◆

다음 날, 학회는 오전에 마무리되었고 랩 사람들은 밴쿠버 구경을 간다며 들떠 있었다. 하늘은 청명하게 빛났고 뭉게구름이 드문드문 피어 있었다. 길거리에선 아이들의 재잘거림이 들렸고, 멀리서 들려오는 경적 소리도 아름답게만 느껴졌다. 평화 그 자체였다. 그러나 나와는 전혀 상관없는 풍경이었다. 내 앞은 온통 먹구름이 가득한 듯했고, 앞으로 걸어가야 할 길은 냄새나고 불쾌한 진창길인 것 같았다. 민폐가 될까 봐 함께 가지 못하겠다고 말한 뒤 나는 혼자 길을 나섰다. 그냥 바다가 보고 싶었다. 반대편에서 보는 태평양은 어떤 모습일지 궁금하기도 했다. 그곳에서 크게 소리라도 질러 보고 싶었다.

나는 완전한 패배자인 것 같았다. 무려 《셀》지에 논문을 투고해서 한 달 만에 긍정적인 리뷰를 받았다는 건 몇 달 후면 온라인으로 논문이 게재된다는 뜻이었다. 한국 학회에서 최우수상을 두 번이나 받고 구두 발표 때마다 훌륭하다는 칭찬을 들어 온 나였기에 이번 캐나다 학회에서 느꼈던 좌절감은 이루 말할 수 없었다. 가장 핵심적인 발견은 '비혈구 세포의 유전적 결함으로 인한 혈구 세포의 이상 현상'이었는데, 이것이 내 논문보다 먼저 게재된다는 건 나는 곧 스쿱 당하는(scooped) 것이었다. 물론 유전자와 마우스 모델이 다르기 때문에 여전히 논문으로 낼 수는 있었다. 그러나 개념적인 진전이 전무하기에 결코 임팩트가 높은 저널에는 실릴 수 없을 것이었다. 나의 첫 해외 학회는 결국 내게 커다란 절망감을 안겨 준 꼴이었다. 그날 홀로 바라본 태평양의 반대편 풍경은 우울하기만 했다.

밴쿠버 바닷가와 연결된 공원 벤치에 앉아 몇 시간을 보냈는지 모른다. 어느새 날이 어둑어둑해졌고, 어젯밤 랩 사람들이 어렵사리 예약한 저녁 식사 자리에 가기 위해 일어나려는데, 마침 모녀 사이로 보이는 한국인 두 사람이 옆 벤치에 앉더니 대화를 시작하는 것이었다. 울적한 마음에 한국어가 들리니 반갑기도 해서 자리에 좀 더 앉아 있었다. 대화라기보다는 어머니로 보이는 여성의 조언이었고, 딸인 듯한 여성은 잠잠히 듣고만 있었다. 정확한 문장은 기억나지 않지만, 요지는 이러했다. 성공만 지향하는 사람은 성공하지 못하면 실패자가 되고, 성공을 이룬 뒤엔 목적을 상실하게 되지만, 강함을 지향하는 사람은 성공하든 성공하지 못하든 상관없이 계속해서 강해질 수 있다고. 인생은 그냥 정진하는 것이라고. 꿋꿋하게 버티고 견뎌 내는 것이라고. 인생의 본질은 영화처럼 반짝이는 어느 한 순간에 있는 게 아니라 비루하게도 보이는 우리의 평범한 일상에 있는 것이라고. 성공도 실패도 과정일 뿐이라고. 그 작은 극점에 연연하지 말고 전체 기울기가 상승하는 인생을 사는 게 맞지 않겠냐고. 너는 실패한 것도 아니고, 꿈을 이루지 못한 것도 아니고, 단지 그 극점에서 잠시 벗어난 것뿐이라고.

꼭 나에게 하는 말 같았다. 그리고 마침내 눈이 뜨이는 것 같았다. 조그만 우물 안에 갇혀 그것이 세상의 전부라 믿고 아등바등하던 내 모습이 보였다. 그리고 구체적으로 내 상황을 직시할 수 있었다. 과연 내가 원하는 게 무엇이었는지 선명하게 드러난 것이다. 나는 과학이 좋아 과학을 선택했고 평생 과학을 하면서 살겠노라 다짐했다고 믿었건만, 그건 과학이라는 말 뒤에 숨어 있던 나의 이기적이고 유아적인 욕망, 그러니까 사회적으로 성공해서 유명 인사가 되고 힘을 가진 자가 되어 남들 앞에서 떵떵대고 싶어 했던 파렴치한 욕망을 감추기 위한 명분에 지나지 않았다. 나는 그저 과학으로 성공하고 싶었던 것이고, 과학으로 부와 명예를 거머쥐고 싶었던 것이다. 결국 과학은 나에게 나 자신을 더 돋보이게 해 주는 수단일 뿐이었다. 즉, 나는 《네이처》나 《셀》지에 논문을 실을 정도로 훌륭한 연구를 하고 싶었던 게 아니라, 거기에 논문을 싣고서 그로부터 따라오는 부차적인 이익에 눈이 멀어 있던 것이다.

부끄러웠다. 한없이 부끄러웠다. 나는 자리에서 일어나 가벼워진 마음으로 버스를 타러 길을 나섰다. 걸으면서도, 버스를 타고 가면서도 계속 생각했다. 하루 종일 생각했지만, 그 어머니의 조언을 듣기 전과 후의 내 생각은 완전히 달라져 있었다. 나는 어느새 자기중심적인 사고에 매몰되었다가 거기서 빠져나와 자유와 해방을 만끽하며 지경을 넓혀 가는 단계로 나아가고 있었다. 그리고 이런 작은 결론도 내릴 수 있었다. 수치심과 죄책감은 때로 마음의 무거운 짐을 덜어 주는 문이 되기도 하는가 보다, 하는.

이제 와서 생각해 보면, 그때 나는 과학자로서 자기

객관화의 여정 속으로 첫발을 뗀 어린아이와 같았다. 과학자는 그저 실험실에서 연구만 열심히 하면 되는 게 아니었다. 무엇보다 소통이 중요하다는 점을 절실히 깨달았다. 그것도 국내에서만이 아니라 국제적으로. 국내 학회에서는 상까지 받았기에 나의 연구 결과가 꽤 독보적이라 생각했지만, 국제 학회에서 그것은 2인자의 결과에 지나지 않는다는 게 확인되었기 때문이다. 나는 그 이후로 국제 학회의 정보를 파악하기 시작했고, 직접 참석하지 못하더라도 누가 무엇을 발표하는지 최대한 알아보려고 노력을 기울였고, 그건 지금까지도 이어지고 있다. 또한 실험이 성공할 때보다는 실패할 때가 더 많은 것처럼, 연구도 잘 되는 시기보다는 잘 안되는 시기가 많다는 엄연한 사실을 실제 체험을 통해 받아들이게 되었다. 평생 과학자로 살아가기 위해 필요한 것은 단지 뛰어난 능력과 뜨거운 열정만이 아니라, 실패 앞에서도 낙담하지 않고 툭툭 털고 다시 꿋꿋이 일어서서 전진할 줄 아는 힘(이를 '그릿(Grit)'이라고 한다)이 더 중요하다는 것도 깨닫게 되었다.

저녁 식사 자리에 가 보니 다들 나를 걱정하는 눈치

였다. 시철이가 "이제 좀 괜찮냐?"라며 조심스럽게 물었고, 나는 "이제 괜찮아."라고 응답할 수 있었다. 그날 저녁 여러 가지 음식을 시켜서 서로 나눠 먹고 마시는 동안 나의 염려는 마치 언제 그랬냐는 듯 사라지고 있었다. 실험실 식구들이 고마웠고, 같은 배를 타고 있다는 사실이 감사했다. 그렇게 캐나다 밴쿠버에서의 마지막 밤이 저물어 가고 있었다.

싱가포르

　해외 국제 학회 참석은 대학원생들의 눈을 뜨게 해 주고 지경을 확장시키는 역할을 톡톡히 해낸다. 그것을 통해 대학원생이 얻을 수 있는 유익 중 가장 현실적이면서도 피부에 와닿는 건 아무래도 박사후연구원으로 가고자 하는 랩에 대한 실질적인 정보를 얻고, 직접 그 랩의 보스를 만나 짧게나마 대화를 해 보는 것일 테다. 자기 자신을 어필하고 기억에 남게 할 수 있기 때문에 나중에 박사후연구원 지원서를 이메일로 제출할 때도 스팸함이나 휴지통으로 직행하는 꼴을 면할 가능성이 높아진다. 일명 '빅 가이(Big guy)'라 불리는 유명한 랩 보스들은 하루에도 수십 통씩 그런 이메일을 받는다고 한다. 인간적으로 도저히 일일이 확인할 수 없는 상황이 연출되는 것이다. 그래서 비서가 있는 경우에는 비서가 대신 이메일을 관리하며 답장을 보내 주기도 한다. 지원하는 대학원생 입장에서는 답장이라도 받으면 다행인 셈이다. 보통은 답장도 받지 못한 채 소리 소문 없이 지원 이메일은 사라져 버리고 만다. 이처럼 이메일 한 통만 툭 보낸다고 해서 박사후연구원 자리를 구하기는 어렵다. 그런 면에서, 이메일이 아니라 지원하고자 하는 랩의 보스를 알고 동시에 나를 아는 사람을 통해 지원하는 경우가 훨씬 성공 확률이 높다고 볼 수 있다. 물론 이런 경우는 드물다. 특히 학부부터 박사과정까지 모두 한국에서 마친 사람이라면 더더욱 그러하다.

극히 희박한 확률로 학회 현장에서의 짧은 만남을 계기로 박사후연구원 자리를 바로 구할 수 있는 경우가 현실에서 아주 가끔 기적처럼 일어나기도 하는데, 그런 일이 바로 민수에게 일어났다. 때는 2008년 유난히도 무더웠던 여름, 싱가포르에서 열린 줄기세포 관련 학회에서였다. 마침 일이 많아서 몇 달 전 캐나다 밴쿠버 학회에 참석하지 못했던 민수와 더불어 두 번째 해외 학회 참석이 될 시절이, 형우, 나, 이렇게 넷이 참석한 학회였다.

　　캐나다에 다녀오고 우린 실험실에 복귀하자마자 함께하지 못했던 민수와 린, 주혜, 윤지에게 얼마나 자랑을 해댔는지 모른다. 저마다 자기가 느꼈던 점들을 토해내기에 여념이 없었다. 특히 돼지 삼 형제였던 시철이와 나는 민수에게 꼭 다음엔 같이 가자면서 민수를 약 올렸다. 그리고 나는 혹시나 하는 마음에 인터넷으로 향후 학회 일정을 검색해 보기 시작했다. 그런데 괜찮아 보이는 학회가 9개월 뒤에 싱가포르에서 열리는 것이었다. 민수는 물론이고 시철이와 나도 발표할 수 있는 줄기세포 관련 소규모 학회였다. 캐나다 학회와 규모도, 일정도 비슷했다. 특히 그 학회에는 민수가 몸담고 있는 분야인 장(Intestine) 연구 분야의 세계적인 리더, 한스 클레버스(Hans Clevers) 교수가 연사로 초청되어 있었다. 한스 클레버스 교수님은 얼마 전 마우스에서 장 줄기세포(Intestianl stem cell)의 존재를 찾아내셨고, 민수가 녹아웃한 유전자가 관여된 신호 전달 체계와 밀접한 연관이 있는 다른 신호 전달 체계의 중요성을 마우스 유전학으로 명료하게 증명해 내신 스타였다. 민수는

2006년에 졸업하여 1년 넘게 진행하던 프로젝트를 마무리해서 곧 논문을 투고할 상황이었고, 박사후연구원으로 나갈 준비를 하고 있었기 때문에 나는 혹시나 하는 마음으로 민수와 시철이에게 곧장 그 정보를 알렸다. 민수가 장 연구를 계속하고자 한다면 한스 클레버스 랩이 세계 최고/최적의 장소라고 확신했기 때문이다. 내 제안을 들은 민수의 얼굴은 사뭇 진지해졌고 좀 더 알아보고 말해 주겠다고 했다. 옆에서 듣고 있던 형우도 만약 우리 돼지 삼 형제가 모두 참석한다면 자기도 동행하고 싶다고 말했다.

다음 날 아침, 민수가 시철이, 형우, 나를 부르더니 잠깐 나가서 커피나 마시자고 제안했다. 어제 내가 알려 준 학회 정보를 진지하게 살펴본 모양이었다. 자판기 커피를 하나씩 손에 들고 홀짝홀짝 마시기 시작했는데 민수는 계속해서 말이 없었다. 5분쯤 지났을까. 마침내 민수가 입을 열었다. "가자, 싱가포르." 우리는 기대했던 답을 들었기에 고개를 끄덕였다. 그리고 민수가 말을 이었다. "어젯밤 교수님께 말씀드렸더니, 나 빼고 셋은 9개월 전에 캐나다 학회에 다녀왔기 때문에 학회비는 지원해 줄 수 없다고 하셨어. 그래도 너희가 가기를 원하면 시간을 허락해 주실 수는 있대. 참, 우린 학생이라 학회비는 저렴하니까 그건 교수님께 잘 말씀드리면 지원해 주실 것 같아. 그리고 잠자는 건 내가 지원받을 호텔 숙박비를 저렴한 호스텔로 바꾸면 해결될 것 같아. 다만 비행깃값은 너네가 알아서 해결해야 할 거야." 우린 망설이지 않고 그러겠다고 했다. 이렇게 네 명이 함께 해외 학회에 참석하는 건 처음이자 마지막일 수도 있다는 데 의견이 일치했다. 어떻게든 비행깃값을 마련해 보자며 다짐했다. 그리고 9개월 뒤 우린 바라던 대로 싱가포르에서 잊지 못할 3박 4일을 보내게 된다. 그 학회는 민수에게 인생에서 손꼽을 만한 몇 안 되는 중요한 순간 가운데 하나로 남았을 것이다.

싱가포르에 도착한 우리는 숙소를 찾기 전 학회 등록을 마치고자 학회가 열릴 호텔로 향했다. 무척 근사한 호텔이었다. 안으로 들어서자, 우리가 적도 위에 있다는 사실이 믿기지 않을 만큼 시원하고 쾌적했다. 공항에서 호텔로 이동할 때 이용한 택시 안도 마찬가지였다. 어딜 가나 에어컨이 잘 작동되어 실내에서는 오히려 추울 지경이었다. 적도 위에서 느끼는 추위라니! 아이러니함을 느끼며 우린 학회 등록을 마치고 숙소로 이동했다. 너무 춥기도 했고 택시비도 아낄 겸, 또 걸어갈 만한 거리였기에 우린 걷기로 했다. 도중에 맛집이라고 소문난 길거리 음식점에도 들를 참이었다. 길을 걷는데 의외로 덥지 않았다. 생각해 보니 싱가포르는 적도 지방이라 사계절이 없고 그래서 여름이라는 개념도 없었다. 사계절이 모두 여름일 테니까. 정말 신기했다. 사계절이 뚜렷한 우리나라를 떠나 적도 지방에 와 있다는 사실을 체감할 수 있었다.

길거리 식당에서 볶음밥을 시켜 먹었는데, 태어나 처음 맛보는 강한 불맛에 우린 넋을 잃고 말았다. 쌀도 우리나라에서 먹던 쌀과 달리 길쭉했고, 물기가 없어 밥알끼리 뭉쳐 있는 부분이 없었다. 한 알 한 알이 기름과 계란으로 코팅된 듯했고 불향을 가득 머금고 있었다. 형우를 포함한 우리 돼지 사 형제는 볶음밥을 두 번이나 더 시켜서 배를 불릴 수밖에 없었다. 도저히 인간의 의지로는 그 유혹을 뿌리칠 수 없었기 때문이다. 아, 다시 싱가포르에 갈 일이 있다면 반드시 그 볶음밥을 먹고야 말리라!

우리의 숙소는 '리틀 인디아(Little India)'라는 구획 안에 있었다. 진입로부터 학회가 열릴 호텔 부근과는 온도 차이가 있음이 느껴졌다. 적도 위에서도 확연히 차이 나는 온도는 빈부 격차가 빚어내는 표현형 같았다. 근처의 아파트 같은 구조물 앞에는 시골 동네 골목에서나 볼 법한 풍경이 펼쳐져 있었다. 허름한 반팔 반바지를 입은 사람들이 힘없이 의자에 앉아 지나다니는 사람들을 보고 있었고, 빨랫줄에는 빨래가 아무렇게나 널려 있었으며, 벽에는 도마뱀이 기어다니고 있었다. 서울 한복판에 있다가 갑자기 읍, 면 단위의 장소로 이동한 듯한 기분이었다. 불과 30분 정도의 거리 안에서 이렇게 큰 온도 차이와 분위기 차이를 느낄 수 있다는 게 신기했다.

우리가 머문 곳은 호스텔이었다. 여러 사람이 한 방 안에 배치되고 각기 다른 침대에서 자는 시스템이었다. 당연히 화장실과 샤워실은 공용이었다. 여행객이 많고 적음에 따라 3박 4일 동안 우리가 머문 방에 온 사람들이 매일 바뀌었다. 하루는 덩치가 산만 한 외국인이 들어왔는데, 스멀스멀 풍겨 오는 낯선 체취 때문에 고생하기도 했다.

우리에겐 마늘 냄새가 난다던데, 그들에겐 우리도 '냄새나는 외국인'일까 하는 생각도 들었다. 한국에서만 있을 땐 해 보지 못했던 생각이었다. 한국인들로만 둘러싸인 곳에서 살다가 다른 나라, 다른 혈통을 가진 사람들과 함께 지낸다는 건 생각만큼 쉽지는 않을 거라는 사실을 체감한 순간이었다.

역사적인 순간은 학회 이튿날 점심때 일어났다. 민수는 학회에 참석하기 두 달 전쯤에 마무리한 논문을 투고하였고, 그로부터 한 달 뒤에 받은 심사 평가에 따라 논문을 수정 중인 상태였다. 그러는 와중에 혹시라도 한스 클레버스 교수님을 만나게 된다면 잠시 말을 걸어 자신을 소개하고 박사후연구원 자리를 물어볼 생각으로 파워포인트 자료를 준비해 왔었다. 오전 세션이 끝나고 점심 식사를 하러 가려던 찰나, 우리 앞으로 한스 교수님이 지나가는 것이었다. 민수는 "간다, 영웅." 하며 내 어깨를 툭 치더니 한스 교수님을 향해 성큼성큼 걸어갔다. 지켜보는 우리의 심장이 다 궁광서릴 정도였다. 한스 교수님 앞으로 걸어가는 그 몇 초 동안 민수는 과연 무슨 생각을 했을까. 앞으로 벌어질 일들을 과연 예상이나 할 수 있었을까.

마침 한스 교수님은 민수의 인사에 반응했고, 민수가 자기소개를 하며 잠시 시간 좀 내주실 수 있겠냐고 요청하자 흔쾌히 그러겠다고 대답했다. 몇 걸음 뒤에서 지켜보고 있던 우리는 상황이 너무나도 자연스럽게 바라던 대로 흘러가고 있는 것이 믿기지 않아 놀라움에 빠져 있었다. 민수와 한스 교수님의 첫 만남은 그렇게 이뤄졌다. 그들은 같은 테이블에서 점심을 먹기 시작했다. 역사적인 만남이었다. 우린 그 옆 테이블에 앉아 무슨 말을 주고받나 엿들으려고 해 보기도 하고, 음식을 더 가지러 간다는 핑계로 굳이 그 테이블 옆을 스쳐 지나가기도 하면서 그들의 대화가 끝날 때까지 시선을 떼지 못했다. 흥미진진한 영화 한 편을 관람하는 것보다 더 손에 땀을 쥐게 하는 순간이었다.

옆에서 훔쳐본 바로는, 민수는 준비해 간 자료를 랩톱으로 한스 교수님께 보여 주면서 자기가 무슨 연구를 하는지 소개하는 듯했다. 그리고 나중에 민수에게 들은 바에 따르면, 민수는 최근에 논문을 투고했고 현재 심사 평가를 반영해 수정하는 중이라고 밝혔다고 했다. 그런데 놀랍게도 민수의 논문을 심사한 심사 위원 셋 중 하나가 한스 교수님이었던 것이다. 민수는 한스 교수님과의 대화 도중 그 사실을 추론해 냈다고 했다. 한스 교수님이 심사 평가에 적힌 내용과 똑같은 지적을 했고 그에 대해 친절하게 설명까지 해 주었기 때문이었다. 그래서 한스 교수님은 낯선 아시아 청년이 다가와 자기 이름을 밝히고 시간 좀 내달라고 부탁했을 때 흔쾌히 응해 주었던 것이다. 아, 어쩜 이렇게 기막힌 타이밍이 있을 수 있을까! 그리고 어쩜 민수는 이러한 타이밍에 딱 맞춘 준비를 해 왔던 걸까!

더 놀라운 사실은 20분 정도의 대화 끝에 민수는 한스 교수님 랩에서 박사후연구원을 할 수 있는 기회를 거머쥐게 되었다는 것이다. 민수의 말에 따르면, 민수가 짧고 간결하게 자신의 연구와 논문을 소개하고 난 뒤 서로 질문과 답을 주고받다가 한스 교수님이 그 자리에서 구두로 민수를 채용하겠다고 했단다. 그리고 학회를 마치고 돌아온 며칠 뒤, 민수는 실제로 한스 교수님으로부터 박사후연구원으로 채용되었으니 필요한 서류를 준비하라는 통보가 담긴 이메일을 받게 된다. 기적이 일어난 것이었다. 우리가 낯선 땅 싱가포르에서 목격한 장면은 꿈이 아니었던 것이다.

우리는 모두 진심으로 민수를 축하해 주었고, 민수의 미래를 축복해 주었다. 민수는 충분히 그럴 만한 자격이 있다고 믿었기 때문이다. 그리고 민수는 2009년 네덜란드행 비행기에 몸을 싣게 된다. 우리의 싱가포르 학회는 민수가 거머쥔 이 완벽한 기회로 인해 지금도 강렬하게 기억되고 있다.

챔피언

민수와 한스 클레버스 교수님의 역사적인 만남이 있었던 2008년은 우리 랩 식구들도 새로운 국면을 맞이한 해였다. 직접 만들었던 녹아웃 마우스가 뱃속에서 죽어 버려 고배를 마실 때면 통집에서 "영웅아, 나 그냥 관두고 약사나 할까." 하면서 푸념을 늘어놓던 시철이는 꿋꿋하게 눈에 보이지도 않는 조그만 배아를 가지고 여러 실험을 진행하여 결국 《엠보(EMBO)》라는 저널에 논문을 실으며 박사 학위를 취득했다. 수준이는 민수가 만든 조건부 녹아웃 마우스를 이용한 뇌 연구에서 줄기세포와 연관된 중요한 신호 전달 체계를 밝혀냈고 《뉴런(Neuron)》이라는 저널에 논문을 게재하며 박사 학위를 받아 냈다. 그들에게 있어서 그 논문들은 단순한 논문 한 편이 아니었다. 5~6년 동안 이십 대 중후반의 인생을 올인하여 얻어 낸 값진 가시적 열매였다.

한편, 캐나다 학회에서 충격과 깨달음을 동시에 받았던 나는 2008년 3월에 논문을 마무리하여 《블러드(Blood)》 저널에 투고했고, 9월에 게재 승인을 받아 낸다. 《네이처》나 《셀》지는 아니었지만, 나에겐 소중한 결과였다. 연구를 잘해서 얻어 냈다는 의미보다는, 포기하지 않고 어려운 순간들을 견뎌 내며 마치 마라톤을 완주하듯 끝까지 연구 프로젝트라는 한 편의 드라마를 주도했다는 의미가 컸기 때문이다.

박사 학위를 마무리하며 내는 논문에는 저마다의 고유한 스토리가 있다. 톨스토이는 《안나 카레니나》 첫 문장에서 "행복한 가정은 서로 닮았지만, 불행한 가정은 모두 저마다의 이유로 불행하다."라고 했다. 연구도 마찬가지 아닐까. 다음과 같이 말이다. "박사 학위를 받아 낸 자들은 서로 닮았지만, 받아 내지 못한 자들은 모두 저마다의 이유로 받아 내지 못한다."

나는 한창 파릇파릇할 이십 대 청춘의 시간을 바쳐 박사 학위를 받아 낸 모든 이에게 뜨거운 박수를 보낸다. 박수를 받을 만한 충분한 자격이 있기 때문이다. 그리고 박사라는 타이틀 말고 다른 타이틀을 선물해 주고 싶다. 챔피언이라는 타이틀을.

박사 졸업 논문이 비록 화려하지 못하더라도, 나는 안다. 그들의 지난 6년이 결코 순탄하지 않았으리란 것을. 수천 번 포기하려고 마음먹었을 것이고, 수만 번 다른 길을 고민하며 갈등했을 것이다. 자신의 부족한 역량을 탓하고, 노력이 가져온 그 허무한 결과에 무너지고, 넘어설 수 없을 것만 같은 거대한 벽 앞에서 한숨을 쉬었을 것이다. 그러나, 그럼에도 불구하고, 그들은 끝까지 자리를 지키면서 때론 무식하다는 말을 듣고, 때론 무모하다는 말을 들으며 마지막 결승선까지 달려왔다. 그러므로 그들은 모두 챔피언이다.

넘어져 보기 전에는 몰랐을 것이다. 실패해 보기 전에는 보이지 않았을 것이다. 결승선이 아닌, 결승선 너머로 계속 이어지는 인생이라는 트랙을. 그렇다. 과학자의 길은 100미터 달리기보다는 마라톤 경주와 닮아 있다. 아니, 마라톤은 끝이라도 있지, 과학자의 길은 인생 자체이며, 그래서 끝이 존재하지 않는다. 대학원생은 이러한 인생이라는 끝없는 트랙 위 시작점에서 막 출발한 선수이고, 박사 졸업생은 이제 겨우 그 트랙 위의 첫 번째 반환점을 돌아서 다시 출발하는 선수일 뿐이다.

단거리 경주가 아니기 때문에 순발력이나 폭발적인 초반 스피드는 그리 큰 힘을 발휘하지 못한다. 100미터 달리기 선수처럼 전체 거리를 숨을 참고 뛸 수도 없다. 적절한 호흡을 유지하면서 과하지도 덜하지도 않게 달려야 한다. 즉, 끈질긴 지속력과 포기하지 않고, 낙담하지 않고, 넘어지되 주저앉지 않고 다시 일어나 또 아무 일 없었다는 듯 뛸 수 있는 자가 되면 된다. 그게 대학원생이고, 그게 챔피언인 이유다.

이때 가장 중요한 마음은 치열하고 열심히 하는 마음이 아니라 즐길 줄 아는 마음이다. 즐기지 못한다면 그 트랙 위에 서 있는 것조차 버거울 것이다. 이는 효율과 성과만 따질 때도 마찬가지다. 같은 시간, 같은 노동으로 얻어 낼 수 있는 결과의 양을 따진다면 과학자(혹은 예술가)만큼 비효율적인 직업도 없을 것이다. 특히 기초과학 분야는 보이지 않는 열매를 위하여 정성스레 씨를 뿌리고 물을 주는 농부의 마음으로 임해야 한다. 기초과학을 하는 이유는 성과가 눈에 보이기 때문이 아니라, 눈에 보이지 않지만 그럼에도 그 애씀의 퍼즐이 마침내 맞춰질 큰 그림을 완성하기 위함이다. 비록 현재 어떤 퍼즐 조각을 만지작거리고 있는지 모를 수도 있다. 하지만 그건 중요하지 않다. 기초과학자들의 지속적인 헌신은 지금까지 역사가 증명해 주었듯 그 큰 그림을 궁극적으로는 찾아 완성할 수 있게 해 줄 것이란 믿음 때문이다. 과학은 투명하고 가치중립적이며 이성과 논리에 의한 자정 작용이 여전히 작동하는 유일한 영역이라 믿기 때문이다.

그러므로 나는 박사 학위라는 단어에 대한 기존의

정의(즉, 독립적으로 연구 주제와 가설을 설정하고, 그 주제에 맞는 관찰/관측을 시행하거나 재현 가능한 실험을 설계 및 계획하여 실행에 옮긴 뒤, 도출된 결과를 분석하고 해석하여 가설을 검증하거나 관찰/관측한 현상을 설명할 수 있는 능력을 보유하고 있다는 꼬리표)에 한 가지를 더해야 한다고 생각한다. 그건 바로 '그릿(Grit)'이다. 수많은 실패와 좌절 앞에서도 꺾이지 않고 계속 나아가는 능력 말이다. 뛰어난 역량을 가진 대학원생도 그릿이 없으면 끝내 박사 학위를 받지 못하고 중도 포기할 수 있지만, 그 역량이 다소 부족하더라도 그릿을 가지고 있다면 그는 마침내 박사 학위를 거머쥐게 될 것이다. 챔피언의 면류관을 쓰게 될 것이다. 과학자라는 인생길 위에 두 발로 당당하게 서게 될 것이다. 지금을 살아가는 모든 대학원생에게 진심 어린 응원과 격려의 마음을 담아 보낸다.

에필로그

가만히 눈을 감고 대학원생 시절을 떠올리면, 그 고유의 풋풋함과 천진난만함에 얼굴이 붉어진다. 그러면서도 곧 입가엔 절로 미소가 지어진다. 대학원 생활은 그런 것 같다. 좌충우돌, 우왕좌왕하며 과학 하는 법을 처음 배우고, 그러면서 가끔은 실험에 성공하거나 새로운 발견을 하거나 훌륭한 아이디어가 떠올라 기쁠 때도 있지만, 대부분은 잦은 실수와 빈번한 실패와 늪 같은 좌절의 순간들로 가득 채워지는 시기. 단순하게 열정이나 노력만으로는 설명할 수 없는 6년이란 기간은 분명 대학원생에게는 인고의 시간이자, 자기 자신과의 싸움의 연속이며, 일등을 위해 앞서 달리려는 노력보다는 어떻게든 견디고 버텨서 살아남는 나날들이지 않을까.

박사 학위를 받을 무렵 출간되는 자신의 첫 저자 논문을 쓸 때면 알게 된다. 이게 이렇게나 오랜 시간이 걸려야만 했던 것인가 하는 한숨과 함께 지난날들을 톺아보게 된다. 그리고 조용히 깨닫게 된다. 6년이란 시간이 쓰여 얻어 낸 진짜 열매는 논문이 아니라 바로 나 자신이라는 사실을. 그렇다. 박사 학위를 받기까지 대학원 생활의 진짜 열매는 박사 졸업 논문이나 임팩트 높은 저널에 게재되는 논문이 아니다. 우리 자신이다. 박사 학위 소유자, 소위 챔피언은 이렇게 만들어지는 것이다.

대학원생일 때는 박사 학위 취득이 결승선으로 보일 수 있다. 그러나 막상 박사 학위를 받고 나면 금방 깨닫게 된다. 박사후연구원으로 일하게 되면 몸으로 실감하게 된다. 그건 끝이 아니라 새로운 시작이라는 것을 말이다. 말했다시피 대학원생 시절은 과학자의 삶이라는 전체 인생 여정에서 도입부에 해당할 뿐이다. 화려한 출발, 강력한 추진력이 나쁠 건 없다. 그러나 그것만 가지고서는 과학자의 길을 끝까지 걸어갈 수 없다. 그 길은 결코 평탄하지 않기 때문이다. 그 길은 비포장도로다. 그 길은 마른땅이 아닌 진창에 가깝다. 그리고 그 길은 끝이 보이지 않는다. 그래서 과학자의 길을 가려거든 먼저 자기 자신에게 물어야 한다. "나는 과연 이 길을 걸어갈 용기가 있는가?"

여기서 '능력'이 아니라 '용기'라고 한 까닭은 이미 과학자의 길을 고려할 정도라면 능력은 어느 정도 갖추었다고 보기 때문이다. 학부 때나 대학원생 때 최고 학점을 받은 사람이 가장 훌륭한 과학자가 되리라는 보장은 없다. 능력은 도움이 될 뿐, 그 길을 걸어갈 수 있는 필요충분조건이 될 수 없다. 오히려 용기라고 표현한 그 마음, 그 자세가 필요하다. 중간 정도의 능력만을 보유하고 있더라도 '그릿'을 가졌다면 그 사람은 과학자의 길을 충분히 걸어갈 수 있다고 나는 믿는다.

그 길이 외롭고 고달픈 것만은 아니다. 고행이라고 표현하기에는 너무 과장된 느낌이 있다. 이 책에서 소개한 에피소드들을 살펴보면, 그 어떤 독자도 고행이라는 단어에 동의하진 못할 것이다. 무엇보다 그 길이 고행길이 아닌 이유는 그 길 위엔 함께하는 동지들이 있기 때문이다. 가까이에는 랩 식구들이 있고, 선배 과학자이신 교수님과 같은 리더나 보스가 있으며, 멀게는 날 응원하는 가족과 세계 각지에 흩어져 비슷한 연구를 진행하는 동료 과학자들이 있다. 즉, 나는 혼자가 아니다. 내가 넘어질 때면 옆에서 위로해 주고 응원해 주는 동지들, 때론 다정한 말로, 때론 따끔한 충고로 우린 점점 더 강해질 수 있다. 다시 털어내고 일어서서 뚜벅뚜벅 길을 걸어갈 수 있다. 이런 다양하고 다채로운 과정을 모두 소화해 내며 나도 모르는 사이에 성장하고 성숙해 가는 과정이 바로 대학원 생활인 것이다. 다시 한번 말하지만, 나는 모든 박사과정 중에 있는 대학원생들을 응원하고 힘내라고 말해 주고 싶다. 더 좋은 아이디어, 더 좋은 손, 더 훌륭한 결과를 내라고 말하진 않겠다. 다만, 좀 더 견뎌 보라고. 그게 끝이 아니라고. 비록 상투적으로 들릴지 모르지만, 이성과 논리보다는 가슴에 호소하고 싶다.

'나는 누구? 지금 어디에?'라는 목소리가 자주 들릴지도 모른다. 나의 정체성에 의문이 들고 나의 좌표가 궁금해지는 순간이 자주 찾아올 것이다. 그러나 나는 너무 염려하지 말라고 말해 주고 싶다. 그 질문이 든다는 것 자체가 그 길을 제대로 가고 있다는 증거가 될 수 있기 때문이다. 덧붙여, 오히려 그런 의문이 들 때마다 '나는 지금 과학을 즐기면서 제대로 하고 있는가?'라고 스스로에게 묻길 바란다. 끝이 보이지 않는 길을 길을 때, 이정표 하나 없는 길을 걸을 때 필요한 건 '내가 현재 이 길 위에서 즐기고 있는가?'에 대한 믿음이기 때문이다. 넘어져도 괜찮다. 깨어져도 괜찮다. 그게 대학원생의 특권 중 하나라는 점을 잊지 말길 기원한다.

화려해 보이는 의사들의 생활과는 달리 과학자들, 그중에서도 대학원생의 생활은 그다지 빛나지 않는다. 그러나 나는 이 글을 통해 그들이 빛으로 만들어지는 중이라는 사실을 말해 주고 싶었다. 그들은 챔피언, 곧 빛과 같은 존재가 되도록 훈련받고 있기 때문이다. 나는 이 존재들이 꺼져 가는 기초과학의 빛이라 믿어 의심치 않는다. 누가 돈을 주는 것도 아니고, 박사 학위를 어렵사리 취득했다고 해서 대우해 주지도 않는 현실 속에서도 꿋꿋이 훈련되고 있는 그들의 존재에 빛을 비추고 싶었다. 부디 이 글이 현재 대학원생들에게 가 닿아 힘이 되고 위로가 되었으면 좋겠다. 또한, 주위에 대학원생이 있는 분들에게 가 닿게 되면 그들을 진심으로 응원하고 격려해 주면 좋겠다.

이 책에 소개된 등장인물 중에는 실제로 존재하는 인물들이 절반 정도 된다. 물론 허구를 가미하여 각색한 캐릭터들이지만 말이다. 그들은 모두 유럽과 미국에서 박사후연구원을 마치고 지금은 중견급 과학자가 되어 여전히 과학의 최전선에서 일하고 있다. 이 팩션(팩트 40+픽션 60)의 주인공은 내가 아닌 민수다. 민수는 2025년 현재 기초과학연구원 유전체교정연구단을 이끌고 있는 구본경 단장이다.

작품 속 등장인물들의 한마디

♦ 김영웅! 본인 이름이 독특하다고 놀림을 받을 때면 "우리 과엔 '최고봉'도 있다."라는 한마디로 순식간에 잠재울 수 있었던 건 다 친구 잘 둔 복이죠. 그러니 자주 찾아와 맛난 거라도 사 줘야 하는데, 이젠 책까지 써서 제 실명을 들이밀다니… 저를 빛내 주려는 건지, 망신 주려는 건지 헷갈릴 지경입니다. 하지만 솔직히, 책은 정말 재미있습니다. 과학자의 고생담인데도 어쩐지 폭소가 터집니다. 시험 전날까지 늘어져 있다가도 새벽에 홀로 번쩍 일어나 공부하던 영웅이의 모습, 밤마다 치킨 한 마리를 시키면 꼭 한 마리 반이 되어 돌아오던 기숙사의 전설, 그리고 이름만 불러도 웃음이 터지던 우리의 순수했던 시절이 고스란히 담겨 있습니다. 김영웅은 원래도 장난기 많은 친구였지만, 동시에 언제나 묘하게 성실한 사람이었습니다. 이 책에서도 그 기질이 그대로 드러납니다. 진지한 과학자의 이야기를 쓰면서도, 독자를 웃기지 않고는 못 배기거든요. 그래서 저는 읽는 내내 "아, 이놈 여전하구나." 싶었습니다. 이 책은 교양서도, 학술서도 아닙니다. 그냥 영웅이가 과거의

우리를 끌어다 독자들까지 웃기고 감동시키는 책입니다. 그러니 이 책을 읽으실 분들은 조심하세요. 가끔은 너무 웃겨서, 지하철에서 혼자 킥킥대다 주변 사람들의 시선을 받을 수도 있습니다. 제 이름을 괜히 끼워 넣어 민망하긴 하지만, 읽다 보면 배꼽은 '크리스퍼-카스9'로 잘려 나가고, 표현형은 '웃음 대폭발'로 발현됩니다! 녹아웃 당한 배꼽 대신, 최고봉 드림.

- 최고봉, 비손메디칼 연구소장 (최고봉)

✦ 이 책의 에피소드뿐 아니라 많은 부분에서 깊이 공감한 1인입니다. 1990년대 중후반, 순수과학에 몸담고자 하는 꿈을 꿨던… 그러나 아직도 미성숙한 부분이 많았던 그때의 나, 그리고 그 시절의 공간과 그 아이들을 다시 소환할 수 있었습니다. 과학은 냉철한 이성과 논리로 이뤄지더라도, 그 안에는 사람들이 부대끼며 살고 있었음을 이 책을 통해 새삼 말할 수 있을 것 같습니다. 오랜만에 예비 과학자들의 〈프렌즈〉 같은 시트콤을 읽을 수 있어서 정말 반가웠습니다.

- 정지영, 숙명여자대학교 소비자경제학과 강사 (주연)

◆ 어릴 적, 성공한 과학자들의 무용담을 읽으면서 과학도의 꿈을 꿨던 것 같습니다. 그런데 지난 수십 년간 실제로 과학자의 길을 걸어 보니, 어쩌면 성공한 과학자들의 기존 이야기들은 많은 것이 생략되고 각색되어 있던 게 아닐까 싶었어요. 《슬기로운 과학자의 여정》에서는 제가 어린 시절에 읽었던 찬란한 성공담과는 다른 결을 지닌 이야기들을 만날 수 있었습니다. 이름 없는 청년 과학도들이 대학원에서 겪는 생생하고도 현실적인 순간들, 과학이 무엇인지 몰랐던 시절의 막연한 환상, 연구가 뜻대로 풀리지 않을 때 찾아오는 깊은 좌절과 분노, 사랑하는 벗들과 함께 고민하고 배우던 날들의 낭만, 배우는 자와 가르치는 자 사이에 흐르는 묘한 긴장감 등이 제가 실제로 겪었던 것처럼 생동감 있게 다가왔습니다. 화려하진 않지만, 진솔하게 쌓여 가는 이러한 개인적인 경험들이야말로 다음 세대의 과학도를 꿈꾸는 이들에게 깊은 울림과 영감을 줄 수 있지 않을까 조심스레 기대해 봅니다.

- 윤기준, 카이스트 생명과학과 교수 (수준)

◆ 대학원 원서를 접수하러 갔던 늦가을의 캠퍼스 풍경은 아직도 잊을 수가 없습니다. 붉게 물든 단풍이 더욱 깊어 가고, 기분

좋을 만큼의 찬 공기가 얼굴을 스치던 늦은 오후. 고개를 제법 들어야 끝을 볼 수 있었던 길고 완만한 계단, 그리고 계단 양 끝으로 이어지는 연구실 건물들. 목적지와 반대 방향으로 천천히 계단을 오르며 동경의 눈빛으로 바라보았던 창문 너머 연구실의 느릿느릿한 일상을 보내고 있는 대학원생들. 인라인스케이트를 타고, 쓱쓱 부드러운 바퀴 소리를 내며 지그재그로 계단을 내려와 캠퍼스로 스며드는 학생의 모습. '대학의 낭만이란 이런 걸까? 꼭 이곳에서 대학원 생활을 하고 싶다.' 그 순간의 설렘이 지금도 생생합니다. 하지만 그렇게 낭만으로 가득 차 보였던 그곳의 생활은 만만치 않았습니다. 실험의 대부분은 실패와 좌절이었고, 그 끝에 아주 가끔 찾아오는 성취의 기쁨이 있었습니다. 그 달콤함에 기꺼이 실패할 각오를 할 수 있었던 것이 아닐까, 그것이 이공계 대학원생의 필수 덕목인 '열정'인가 생각하게 됩니다. 많이 배우고, 경험하고, 성장했던 시간. 그래서, 그렇기 때문에, 그럼에도 불구하고, 내 인생에서 가장 힘들었지만 소중했던 시절. 그 시절의 기쁨과 좌절, 열정과 미숙함을 공유할 수 있었던 선후배님들… 그리고 무엇보다 그 시절의 추억을 살포시 꺼내 주고, 기록까지 해 주신 김영웅 선배님께 감사드립니다.

- 김남식, 충남대학교 생물과학과 교수 (남순)

✦ 이 책은 생명과학을 전공한 저자가 대학 시절과 대학원 과정을 거치며 겪은 경험을 회고 형식으로 풀어내고 있습니다. 이야기는 1990년대 후반 포항의 한 공과대학 기숙사에서 시작됩니다. 음악과 문학을 사랑하던 저자가 친구들과 함께 생활하며 겪었던 일화들이 유머와 따뜻함 속에 펼쳐집니다. 새벽 실험실에서의 긴장감, 야식으로 함께 나누었던 치킨 한 마리 반의 추억, 끊임없는 과제와 시험, 그리고 군 복무와 복학까지 이어지는 청춘의 기록이 생생히 담겨 있습니다. 대학원에 진학한 후에는 클로닝, 녹아웃 마우스 실험, 논문 작성 등 본격적인 연구자의 여정이 펼쳐집니다. 연구의 성취와 좌절, 해외 연수와 학회 참가, 사랑과 결혼, 동료들과의 우정이 얽히며 '과학자의 삶'이 단순한 학문적 성취가 아닌 인간적인 성장의 과정임을 보여 줍니다. 이 책은 과학자를 '평생 훈련생'으로 살아가야 하는 존재로 그리면서도, 그 여정 속에서 발견한 열정과 낭만, 그리고 동료애를 담담히 전합니다. 결국 이는 한 세대 과학자의 대학원 시절을 그려 낸 성장기이자, 과학자의 삶을 조금 더 가깝게 이해할 수 있게 해 주는 회고록입니다.

- 정현우, 독일 막스플랑크 분자생의학연구소 종신연구원 (형우)

✦ 어쩌면 기억 속에서 영영 사라질 뻔했던 친구들과 선후배, 동료들의 이야기를 다시 불러내 준 김영웅 작가에게 깊이 감사드립니다. 그의 놀라운 기억력과 세심한 관찰력, 그냥 스쳐 지나갈 수 있었던 대학원 생활의 순간들을 의미 있게 담아내는 능력에 감탄했습니다. 이 책을 읽는 동안, 잊고 지냈던 그 시절의 모습들이 생생히 되살아났고, 함께했던 경험들을 다시 곱씹을 수 있었습니다. 좌충우돌하며 보냈던 그때의 경험들이 결국 지금의 저를 지탱하는 든든한 토대가 되었음을 새삼 느낍니다. 이 책은 단지 우리만의 특별한 경험담에 머무르지 않습니다. 생명과학을 전공한 대학원생이라면 누구나 공감할 수 있는 친숙한 상황과 감정들이 담겨 있으며, 비슷한 시기를 지나온 이들에게는 소중한 추억을 되살려 줄 것입니다. 나아가 대학원 생활의 현실적인 고민과 전망, 성공과 실패의 경험을 함께 느끼고 공감할 수 있는 소중한 작품이기도 합니다. 대학원 시절은 열정과 도전, 좌절과 성취가 공존하는 특별한 시기입니다. 이 책은 그 속에서 희망과 열정을 발견하고, 스스로를 이끌어 나갈 힘을 되찾게 해 줍니다. 따라서 생명과학 대학원 진학을 고민하는 학부생은 물론, 연구자의 삶에 관심 있는 일반 독자에게도 큰 울림과 도움이 될 것이라 믿습니다.

- 권민철, LG화학 생명과학본부 신약연구소 연구위원 (시철)

✦ 요즘 과학계는 의대 선호 현상과 인구 절벽 때문에 인재가 부족하다는 걱정이 많습니다. 나라의 미래와 존립에 과학기술이 얼마나 중요한지는 두말할 필요도 없는데, 정작 많은 사람이 과학을 힘들고 고된 길, 보상 없는 길로만 생각하는 현실이 안타깝습니다. 이 책은 그런 시절 속에서도 과학의 꿈을 품었던 청춘들의 이야기를 담고 있습니다. 보장된 미래 하나 없이, 한적한 시골 캠퍼스의 구석진 연구실에서, 오직 열정만으로 소중한 이십 대를 살아내던 모습이 고스란히 그려져 있습니다. IMF의 여파로 수많은 이공계 인재들이 등을 돌리던 때에도, 이 이야기 속 청년들은 세상의 흐름에 휩쓸리지 않고 묵묵히 하루하루 과학자의 길을 걸어갑니다. 도전이란 사실 이렇게 평범한 일상에서 시작되는 게 아닐까요. 특별할 것도, 대단할 것도 없지만, 내가 하고 싶은 일을 친구들과 함께 공감하며 이어 가는 그 길이 결국은 꿈으로 이어집니다. 《슬기로운 과학자의 여정》은 그런 믿음과 열정을 보여 주는 이야기이자, 지금을 살아가는 우리에게 건네는 따뜻한 위로와 격려입니다.

- 구본경, 기초과학연구원 유전체교정연구단 단장 (민수)